2012新巷冯梦龙与民间价值建构学术研讨会

纪念冯梦龙诞辰440周年座谈会

冯梦龙故居

晚情亭

冯梦龙研究

(第1辑)

屈玲妮 主编

苏州大学出版社
Soochow University Press

图书在版编目(CIP)数据

冯梦龙研究. 第1辑 / 屈玲妮主编. —苏州：苏州大学出版社，2015.8
 ISBN 978-7-5672-1502-3

Ⅰ.①冯… Ⅱ.①屈… Ⅲ.①冯梦龙(1574~1646)－人物研究②冯梦龙(1574~1646)－文学研究 Ⅳ.①K825.6

中国版本图书馆 CIP 数据核字(2015)第 213344 号

书　　名	冯梦龙研究(第1辑)
主　　编	屈玲妮
责任编辑	巫　洁
出版发行	苏州大学出版社(Soochow University Press)
社　　址	苏州市十梓街1号　邮编：215006
印　　装	苏州工业园区美柯乐制版印务有限责任公司
网　　址	www.sudapress.com
邮购热线	0512-67480030
销售热线	0512-65225020
开　　本	700mm×1000mm　1/16　印张：11.5　插页：2　字数：190千
版　　次	2015年8月第1版
印　　次	2015年8月第1次印刷
书　　号	ISBN 978-7-5672-1502-3
定　　价	28.00元

凡购本社图书发现印装错误，请与本社联系调换。服务热线：0512-65225020

《冯梦龙研究》编委会

顾　　问　王　尧
主　　编　屈玲妮
副 主 编　李彩男　朱建荣
执行主编　马亚中　徐国源
编委会成员　孙月霞　王建明　陶建平
　　　　　　侯楷炜　周昕艳　刘爱粉

冯梦龙文化现象的当代启示(代序)

马汉民

晚明苏州籍的文学家冯梦龙,是对社会、对人民大众有着高度责任感的作家。在小说、戏曲、通俗文学、民间文学诸多领域,无不做出斐然的贡献。冯梦龙文学遗存2500万字,这一巨大数字表明冯梦龙的作品久传不衰,确是"冯梦龙的余荫,供后人无尽的享受"(贾芝先生题词)。就是这么一位作品"井喷"式出现的伟大作家,用自己的文章,表达了新兴市民阶层反对禁欲主义、提倡个性解放的要求,史无前例地运用通俗文学形式,向封建礼教叫板、挑战。身在封建专制的社会中,却唤起民众,走向一个新时代的希望之路。他的文学活动为"里耳"接受,始终不渝地坚持直面生活,讴歌反映底层民众的生活真实,为他们立言,为他们抒情。即使在61岁出任寿宁知县,依然不改初衷地坚持吏治,还民以公正与清廉,成为寿宁人真正的"父母官"。如果立足于明代晚期天崩地裂的社会状况进行考量,冯梦龙无愧是提倡"以文化人"的巨人之一。

在封建文化专制时代,冯梦龙的作品及思想受到打击、抑制也是必然的。于是,在漫长时间里,出现了冯梦龙的消失与重现的历史现象。这一现象,同步反映了时代的进步与社会文明的成熟。诚然,近代和当代对冯梦龙的研究获得了许多成果,增进了人们对冯梦龙的认知,但始终处于雾中看花的状态中,没有挖掘到冯梦龙思想观的核心所在。

2014年5月9日,习近平总书记在河南兰考参加指导党的群众路线教育实践活动专题民主生活会时,在县委常委会议上讲,明代以"三言"传之后世的文学家冯梦龙,科举之路十分坎坷,57岁才补为贡生,61岁担任福建寿宁县县令。他减轻徭役、改革吏治、明断讼案、革除弊习、整顿学风、兴利除害,打造了一个百姓安居乐业的寿宁。当时的记载是"牢房时时尽空,不烦狱卒报平安"也。

习总书记褒奖冯梦龙为官清廉,解民之难、解民之艰,创造性地以吏治手段进行改革,将"穷山、恶水、刁民"的寿宁,打造成安居乐业的寿宁。更为可贵者,莫过于"牢房时时尽空,不烦狱卒报平安"。短短四年的任职,冯梦龙却受到当地老百姓的代代怀念。

习总书记在高度赞扬冯梦龙时还说,为官一任,造福一方,我们共产党人不干点对人民有益的事情,能说得过去吗?现在重温冯梦龙的《寿宁待志》,感性认识"我国历史上优秀的廉政文化",对推进党风廉政建设和反腐败斗争,是有借鉴意义的!毛主席读过他的《东周列国志》《智囊》,赞赏有加。鲁迅对冯梦龙的作品也十分喜爱。

习总书记是一位拥有丰富的智慧、通晓古今的政治家,也是一位知识广博的学者,同样是"古为今用"的实践者。为深化反腐倡廉的进程,习总书记多次提及冯梦龙,褒扬他不仅为官清廉,而且在文学创作上,同样创造了海量的优秀作品,其作品成为经典的传世瑰宝。2014年习总书记巡视江苏,在对省委领导同志讲话时,又提及了"你们江苏的冯梦龙"。习总书记先后对冯梦龙论述达四次之多,每次谈及,都是在大时代的背景下,有着政治导向性的现实意义。

尽管冯梦龙是封建社会的官吏,但不失民本思想,切切实实地为百姓办了许多事,特别是在吏治上,下了许多大功夫,而且收到了成效。据个人浅见,对旧时代的县官给予褒奖,在我们党的高层领导中习总书记当是第一人。习总书记是"古为今用"的实践者,告诫我们以冯梦龙的人生价值为榜样,树立民本思想,以对民众负责任的态度,做个好官,写好文章。什么样的文章称得上是好文章?习总书记在"文化工作者座谈会"上的讲话已经阐明,那就是要接地气、有骨气、有底气。回望冯梦龙的作品,不失"三气"魅力,也许就因为冯梦龙生活在基层社会中,对市民精神上的向往与需求感同身受,贴近大众的审美情趣,还特别善于运用吴方言中精练而又丰富的语言。因此,冯梦龙的作品,不是一篇,也不是一时,而是在"朝如青丝暮成雪"的一生,所撰佳作以上品、神品居多。

这里,将以冯梦龙这一文化现象,做几个方面的探索、分析。

一、成长在时代"交会"期

冯梦龙出生在社会大变革的特殊时期。

明朝晚期,王朝统治日益腐朽衰败,农民起义烽火四起。唯独偏安的苏州,在农业、商业、小手工业和文化教育方面,均有着长足发展。除白米、白布、白丝"三白"大量外售外,仅纺织工业的规模(包括织、染工)就超过千人。《明实录·神宗万历实录》卷三六一记载:"浮食寄民,朝不谋夕,得业则生,失业则死。"资本主义的雇佣关系已经形成。随着经济的发展、城市的扩大,众多种田人走进城市。苏州本是拥有2000多年历史的文化名城,文化较为发达,比如文徵明等一批画师,已经将自己的画作变成立体图形呈现在拙政园中。而建筑艺术,已达到无与伦比的高度。明王朝北迁,紫禁城诸多建筑,皆为苏州胥口工匠蒯祥把关兴建,尔后受封为工部侍郎。难怪现任故宫博物院院长单霁翔说:"除北京外,没有哪座城市像苏州和紫禁城联系如此紧密。"还说:"紫禁城是从苏州'漂来的'。"大运河将北京与苏州紧紧地连接在一起,苏州的能工巧匠,担负着为皇宫制作形形色色的器物的职责。金銮殿上,皇帝穿的、戴的、坐的,以及薰炉、帐纬,无一不来自苏州。透过这些现象,这座崇文的城市,诚然已成为红尘中一等风流繁华之地,经济上进入了资本主义萌芽的新时期。与此同时,人的新思想、新理念已成潮涌之势,对冯梦龙的人生抉择,起到了极大的推动作用。我国著名作家宗璞女士说:"苏州古今作家辈出,因为他们喝了太湖水,憨大也会变聪明。还因为苏州是只文化摇篮,自幼就在这只摇篮里摇啊摇啊,摇出了聪明、摇出了才智,所以走出的作家都是文章锦绣,人品堂堂正正。"这同样是冯梦龙成长的重要因素。可以说,正是在大时代的呼唤下,东方的夜空升起了一颗灿烂的文化之星——冯梦龙。

二、选择弘扬民族文化的人生大道

冯梦龙是一位典型的读书人,同时代人都赞他"学富五车",这也与苏州得天独厚的文化氛围不无关系。苏州人历来崇文,人才辈出,范仲淹、申时行、王鏊等无不读书致仕。为此,苦读"经史"成为学子们的必由途径。"两耳不闻窗外事,苦伴寒窗十载心。"冯梦龙不拘泥于死读书,课后还走进社会课堂,选择在玄妙观露台上听"戳笔书"。玄妙观是苏州繁华的中心,这一道观的三清殿前面,有片宽敞的露台,那些失意的说书艺人、手工艺者,在此摆地摊、摆矮凳,备上大碗茶,仅收几个铜钱,便绘声绘色地开讲起来。冯梦龙是听"白"书的常客。所谓"白",即分文不出,站立在半边,也能明明白白地听完一场书。在他的文章中,曾提到在玄妙观听书时,听说有位在此听《三国》的厨师,砍肉时伤了手指,鲜血淋漓,稍稍包扎后又操刀干活。旁观者骇然。他却言道,关云长刮骨疗毒,"痛"字没有喊出一声,我这点伤算个啥呀!叙述这一故事,是说他从中悟到书中寓教,具有教化功能。

冯梦龙乡试入泮的时间,据考为16岁。他成熟较早,除满腹经纶外,更生得一表人才,与是时就读在苏州的钱谦益(常熟古里人)、凌蒙初(浙江乌镇人)等人志趣相投,从诗会酒场的频繁活动中,与一批红极姑苏的歌妓打得火热。美其名"书寓"的妓院,是随着城市繁华而应运而生的,从业者有"九等三级"之分。高档者文气十足,比如候慧卿,不仅擅弹唱,尚有即兴编山歌、时调唱词的功力。冯梦龙不但倾倒在她的天籁之声中,更感动她真情相待的赤诚。她所唱的山歌,深深地叩响了冯梦龙的心灵。山歌是不识字的人口头唱出的诗句,是从心灵深处发出的呼唤。与其说他迷恋侯慧卿的姿色,不如说他更爱山歌。"山歌心灵之响也。""人间只有假诗文,没有假山歌。""山歌真情也!"自明万历中期以来,苏州大唱"子夜歌""打枣杆"等山歌、时调,比比皆是。这是从山歌中生发出的"时调",成为市民百姓文化娱乐生活的主要部分。村里的乡民将农耕文化的文明带进了城市,酿成了时调(山歌配乐复合型的歌唱文化),并由此影响了昆曲、评弹的脱胎而出。

苏州农村的稻作文化极为丰富,山歌由来已久,有着普遍性的全民传唱的大势。屈原在《离骚》中提到"吴歈蔡讴,奏大吕兮"。而项羽起兵于苏州,率江东子弟反秦,在尔后项刘交战中,楚霸王困于垓下,久战不克,韩信使军士大唱,从而瓦解了军心,使楚军溃败。就此战役,后来产生了"四面楚歌"的成语。楚歌当称为吴歌。是时吴国久已为越国所灭,而越国又为楚国所亡,江山已为楚国一统。吴歌被冠以楚歌,便是这个原因。其实这一歌唱艺术,久已进入吴人生活,成为情感的载体,同样是"元点"文化,冯梦龙慧眼识宝,竭尽全力以山歌为契机,大做文章,并将搜集到的山歌,迅速反馈到民间去。

从冯梦龙遗存的《山歌》《挂枝儿》文本中,可以看到他对民歌的挚爱,从采集入手,尔后编注、出版。在当时木板刻字、印刷条件极差的状况下,对年轻的冯梦龙而言,确非易事。我们更能看到,他还对多数山歌进行加注,说明山歌来源、唱者身份。对"异曲同工"、文字稍有变化的作品,权作评论,枝蔓附后,这是《诗经》《国风》两大民歌集所欠缺之处。

搜集民歌,是冯梦龙弘扬和保存吴地民间文化所做的伟大壮举,给我们留下的不仅是文化艺术财富,更是研究明晚期苏州普通民众思想观、审美观的丰富史料……一首首山歌,汇成了一面明亮的镜子,映出了整个社会的面貌,乃至乡土风情、民俗事项,无愧是社会学研究的历史化石。

我国素以诗歌大国著称,自孔子首编《诗经》后,六朝年间又面世了《国风》,均为受命于皇上,由采风官员振铎采风而成。而冯梦龙的《山歌》《挂枝儿》纯属个人搜集行为。按照时间推算,搜集山歌的日子里,正是冯梦龙失去侯慧卿和连续受到打击、委屈,乃至命悬一线的时候。他是文化的先见者,对"草根"文化酷爱不已,《山歌》《挂枝儿》问世以后,受到读者们的欢迎和喜爱,更坚定了冯梦龙从事大众文学创作的信念。在我国上下五千年的历史长河里,以个人名义将口头诗歌变成文字的,独此一人,实在是功高盖世。

在日后,某些人评说冯梦龙生平时,扣上一顶"寄迹青楼、放浪形骸"的"帽子"。笔者以为,前一句贬词,是为"放浪形骸"四字服务的,在旧时代,士大夫、骚人、墨客寄迹青楼,为体面的常事,毋庸挂齿。"放浪形骸"的指向,是斥他对封建礼法无情的攻击,视下里巴人之作为至上珍品,有违"文以载道"的文化传统。冯梦龙在《喻世明言》序中特别指出:"大抵唐人选言,入于文心;宋人通俗,偕于里耳,天下之文心少,而里耳多,则小说之资于选言者少,而资于通俗者多。"他从唐代传奇、宋人话本流传的客观实际中得出结论,阐明自己的文艺方向,提倡"偕于里耳"的通俗小说、话本、山歌,同时指出通俗文学作品的功能:"试看今说话人当场描写,可嘉可愕,可悲可喜,可歌可泣;再要欲捉刀,再欲下拜,再欲泱胆,再欲捐金,怯者勇,淫者贞;薄者敦,顽钝者汗下。虽小诵《孝经》《论语》,其感人未必如斯且深也,嘻,不通俗而能之乎?"

在冯梦龙看来,自己从事的通俗文学的品质,在人民大众心目中的地位与它所带来的社会影响,超过了誉为"天书"的《孝经》《论语》。就反对派而言,其"疯狂"程度,实为"放浪形骸"的写照,贴上污名化的标签,是在"情理"之中的。这也反衬出冯梦龙与民众同呼吸、共命运的可贵。

三、追求文章"骨气""底气"的魅力

冯梦龙的文学生涯,结出了丰厚的文学硕果,宛若漫漫长河,代代相传,遍及海外,直至进入数字化时代,人们依然对其作品怀有极大兴趣。许多作品被移植成电影、电视、戏曲,译成外文。作品中的许多人物,几乎达到家喻户晓的地步。这一重大的文学现象,在近期30多年的时间中,始终是研究冯梦龙的主题。

明末期间,是一个"多花齐放"的年代。大致在《喻世明言》出版后,仿效性的长篇、通俗作品仅苏州籍的就有《十美图》《痴婆子》《肉蒲团》《三朝要典》《欢喜冤家》《初学集》《七录斋集》……这些"绘淫绘盗"的小册子,在明末和清代均遭到严禁。冯梦龙除《甲申纪事》外,其他作品未见列入禁书,其原因主要是作品取材于历史古籍,侧重名人效应;且忠于现实,尽管假托,亦给予真名实姓,确切地写实发生地址,还有就是不断替换笔名。以冯梦龙所改

编的《东周列国志》为例,故事自西周结束(公元前289年),至秦统一六国(公元前221年),包括春秋、战国500多年的历史故事。内容丰富庞杂,它所叙述的历史,取材于历史事件,写出了各王朝时隐时兴乃至灭亡的国家命运。驾驭这部巨著,要掌握古代纷繁的资料,必须熟读《战国策》《左传》《国语》《史记》,尤其重要的是作者自身要对历史有足够的认知与审视,这样才能构建这部以国家存亡为核心的巨著,反映"得民心者得天下""民心存,其政举;民心亡,其政息"等人本主义的政治观念。

冯梦龙为各个朝代、各类不同的诸侯和义勇的豪侠尽情着笔,描绘出形形色色的善恶美丑的脸谱,用揭露与鞭策的态度,融入了作者的思想观和审美观,使文学艺术生发出辉煌的光芒。笔者认为:融500年天翻地覆的改朝换代于一体,弘扬正义,树立民本思想,还情于民,无可置疑是一部具有"骨气"的不朽之作。同时,《东周列国志》这部传记式小说,还承载着拯救国家沉沦的使命,"以史为鉴",寄希望于执政者,毋忘"得道者昌"。作者对于国家命运、国家利益的强烈关注和纠心,可谓明鉴于千古。

四、为建树通俗文学理论做出卓越贡献

冯梦龙确实有过"逍遥艳冶场,游戏烟花里"(王挺语)。自《山歌》面世后,或许是因为侯慧卿的别情,导致他情感失落后出现了人生转折,冯梦龙在调整情绪后,一发不可收地投身在话本小说的创作上。他从大量的山歌中汲取许多养料。从"起兴""遣字""排句""音律"等诸多语言问题上进行探索;并审视说书人能博得听众青睐的缘由所在,认为关键在于听众能够听懂。听不懂岂能产生艺术共鸣?从而他坚定了为底层民众写作的信念。在写作的实践中,他真切地写民众的贴身事件、身边人物,史无前例地讴歌从事劳动的底层人民的生活。"借男之真情,发名教之伪药。"振聋发聩地力反文坛上的"假诗文",宣称"我欲立情教",显突地展现了冯梦龙的文艺倾向、解决了为谁写作的大问题。在明确这一大方向后,才出现了创作技巧的大转变,不仅摒弃咬文嚼字之乎者也的苦涩文体,更调动了民间优美、鲜活的语言,俗语、谚语

和诗词等精华辞藻尽情地融入作品中。他强调文艺与读者感情交流的作用。通过书写通俗文学文本的实践，冯梦龙开始了在理论上的建树。

冯梦龙的作品，突出了对"智慧"的张扬。他用漫长的时间，在历代古籍和民间搜集到1000多个有关"智"的故事，集成《智囊》，他在《自叙》中提出"人有智犹地有水，地无水为焦土，人无智为行尸"这一截铁斩钉的结论。"人无智为行尸"，是当时民众兴起求智欲的反映，是时代进步召唤下的产物。据说，《智囊》一书是晚年毛泽东读得最多的一部书。

我们这个文明古国积累着丰富的文化宝藏，冯梦龙是挖掘宝藏的先行者，许许多多珍贵的宝珠，被他搜集在一起，串在一条又一条的红线上，于是，诞生了《智囊》《情史》以及众多的戏曲文本。

对于源于民间或书本上的资料，冯梦龙在改编中总是注入时代的审美观念，赋予启迪人们面向生活，追求生活的美好愿望。比如，在他改编的《白娘子》戏剧中，一个蛇仙，只为了要过上人间的美好生活，寄身尘间，与许仙相爱，可是，回报她的是法海和尚实施的迫害诡计，为救回身陷金山寺的丈夫，在忍无可忍的情况下，只有"水"漫金山，而这一"水"字，谐意就是"泪"字。孙偕第先生汇集了几则前朝有关白娘子的传说，并无"水漫金山"的记录。而修改后的《白娘子》，那蛇仙比法海不知可爱了多少倍！浪漫主义的表现手法，冯梦龙同样运用自如。

在冯梦龙海量的作品中，不管是山歌、散文、小说还是戏曲，都有一明显的特征，那就是遵循我国民众审美习惯和心理，多数作品都呈现出大团圆的光明结局，比如《喻世明言》第一篇《蒋兴哥重会珍珠衫》，故事几经跌宕，人物大起大落，在人物处于绝境之时，总能出现柳暗花明的局面。这便是作家在生活中，妥当地贴近观众、读者的审美需求，顺应好人应有好报的读者心理，强调对民众审美情趣的认同，从而为其服务。

纵观冯梦龙所撰文本，诚然创建了"中国气派、民族风格"文艺作品的范本，正由于冯梦龙所做出的探索与追求，才兴起了几百年来的通俗文学热。我国近代五四运动所提倡的文化方向，早在300

年前的冯梦龙就有为大众服务的"通俗文学"的实践。

冯梦龙是一位"作而行之"的文化大家,凡是他在文中所提到要别人去做的事情,如"真情待人""克己为人"等,无一不是言必行,行必果。他认为文章只能劝人为善,切不可将人导入歧途。这些对民众负责任的理念,在尔后出任寿宁知县时,所表现出的廉洁奉公、无私无畏,正是冯梦龙一诺千金的表现。

"人人都学冯梦龙,谁得皮毛两三分。"学习冯梦龙,具有强大的现实意义与价值。冯梦龙的作品,我们要细读精读,他所倡导的通俗文学的文艺观,我们要成为其继承者、传播者。生活在冯梦龙的故乡,我们理所当然地应该为研究冯梦龙、宣传冯梦龙做出自己的努力与贡献。

附言:本文为作者在 2015 年 6 月 19 日—21 日于台北大学中文系的演讲稿。

(作者系中国民俗学会顾问、江苏省吴歌学会会长,著名民间文艺家)

学术焦点

冯梦龙真情民歌观　　　　　陈泳超　/ 003

风教风情的左右倾斜

　　——论明清戏曲家的"情观"　丘慧莹　/ 009

名家新作

孔子"使无讼"理念和冯梦龙宦寿的司法实践

　　　　　　　　　　　　　王 凌　/ 031

冯梦龙研究的突破与进展

　　——兼谈福建学者的学术贡献　齐裕焜　/ 039

经典今读

"从俗谈"与冯梦龙的俗文学审美观

　　　　　　　　　　　　　胡单芳　/ 051

冯梦龙小说中的吴地商业　　蔡 慧　/ 061

冯梦龙山歌中的吴方言解释

　　——《山歌》卷一中的吴语解释　虞永良　/ 096

周作人论冯梦龙辑录的笑话和山歌　薛元荣　/ 108

传承创新

做靓冯梦龙文化　构建相城民间价值高地

　　　　　　　　　　　　　曹后灵　/ 119

冯梦龙与相城地方文化研究　屈玲妮　/ 124

福建省寿宁县打造冯梦龙文化品牌之启示

　　　　　　　　　　　　　刘春民　/ 139

谈吴歌的传承与发展　　　　侯楷炜　/ 145

旧闻传说

履湿自责　　　　　　　　　张瑞照　/ 153

学术动态

2014 福建寿宁冯梦龙文化高峰论坛学术综述

　　　　　　　　　　　　　齐寿冯　/ 163

编后记　　　　　　　　　　　　　/ 168

学术焦点

冯梦龙真情民歌观

陈泳超

冯梦龙的《叙山歌》,是中国古代民歌发展史上最重要的理论文章之一,虽篇幅不长,却立意深远——

> 书契以来,代有歌谣,太史所陈,并称风雅,尚矣。自楚骚唐律,争妍竞畅,而民间性情之响,遂不得列于诗坛,于是别之曰"山歌",言田夫野竖矢口寄兴之所为,荐绅学士家不道也。唯诗坛不列,荐绅学士不道,而歌之权愈轻,歌者之心亦愈浅;今所盛行者,皆私情谱耳。虽然,桑间濮上,国风刺之,尼父录焉,以是为情真而不可废也。山歌虽俚甚矣,独非郑卫之遗欤?且今虽季世,而但有假诗文,无假山歌,则以山歌不与诗文争名,故不屑假。苟其不屑假,而吾藉以存真,不亦可乎?抑今人想见上古之陈于太史者如彼,而近代之留于民间者如此,倘亦论世之林云尔。若夫借男女之真情,发名教之伪药,其功于《挂枝儿》等,故录《挂枝词》而次及《山歌》。①

私情民歌,在吴语地区最为盛行,也最能代表吴地民歌的特色,甚至可以说,没有私情民歌就没有吴歌。这里虽然有文人搜集者如冯氏的某种偏好倾向,但更应看到,这主要是长期积淀而成的地方民间文化的一种表现形态,远非一人一书之效。六朝吴声歌曲里的《子夜》《读曲》,实为"私情"之远响;现存最早的吴语山歌,大约要算宋释文莹在《湘山野录》中记载的五代吴越王高唱的

---

① 冯梦龙,等.明清民歌时调集(上)[M].上海:上海古籍出版社,1987:269-270.

那首了,歌曰:"你辈见侬底欢喜,别是一番滋味子,长在我侬心子里。"这本是一首咏乡情的歌曲,但才到了南宋,就变为"至今狂童游女,借为奔期问答之歌"①了,从中可见私情山歌不仅历史悠久,而且伸缩性很强,它能点化别类歌谣,正说明它有旺盛的生命力。明人陆容《菽园杂记》云:"吴中乡村唱山歌,大率多道男女情致而已。"②而王骥德《曲律》中的两段论述尤值得注意:

> 北人尚余天巧,今所流传打枣竿诸小曲,有妙入神品者,南人苦学之,决不能入。盖北之打枣竿与吴人之山歌,不必文士,皆北里之侠或闺阃之秀,以无意得之,犹诗郑卫诸风,修大雅者反不能作也。③

> 小曲挂枝儿即打枣竿,是北人长技,南人每不能及。昨毛允遂贻我吴中新刻一帙,中如《喷嚏》《枕头》等曲,皆吴人所拟,即韵稍出入,然措意俊妙,虽北人无以加之,故知人情原不相远也。④

"挂枝儿"与"打枣竿"两个调名大约即为一体,关德栋先生在为《明清民歌时调集》之《挂枝儿》作的序言中多有考证。今本《挂枝儿》卷五《情谈·又》评:"打枣竿精神全在结句,此独以起句出人,洵为难得。"可见在冯氏那儿二者也没区别。而从上引《曲律》之文来看,"挂枝儿"在当初尚是"北人长技"时,是多"北里之侠"气的,后来逐渐成为南方吴地的流行曲调,其风格也多"闺阃之秀"气而变得"措意俊妙"起来了。这就告诉我们,私情民歌作为吴地民间文化的一大特色,已具有融化外来文化风格的强大力量了。所以,冯氏所谓"今所传者,皆私情谱耳",绝非私意妄言。

综观《挂枝儿》和《山歌》,除偶然的几首外,大多确是所谓"私情"民歌。冯梦龙搜集出版它们,其目的在于"借男女之真情,发

---

① 袁耿女.枫窗小牍(卷上)[M].民国景明宝颜堂秘笈本.
② 陆容.菽园杂记(卷一)[M].文渊阁四库全书本.
③ 王骥德.曲律(卷三)[M]."杂论上".明天启五年毛以遂刻本.
④ 王骥德.曲律(卷四)[M]."杂论下".明天启五年毛以遂刻本.

名教之伪药"。

冯氏对于"私情",是维护和欣赏的。且看他对私情的评语:"正是妙境"(《山歌》卷二《帷》);"好看真好看"(《挂枝儿》卷一《看》)。非仅如此,冯氏评论时还常以同是个中人的姿态直接对歌中的情哥情姐们进行善意的调侃,如"要你恼也自难得"(《挂枝儿》卷一《疼恼》),"好个贪花阿姐"(《山歌》卷一《采花》),等等。遇着私情被阻隔,他便大抒其同仇敌忾之愤,如《挂枝儿》卷一《调情·又》评:"该骂该骂,就打也不差,杀也不差。"而对于通常看来较为"正常"的夫妻关系,他似乎没多大好感,如《挂枝儿》卷五《寄夫》内言:"不是自己的亲妻也,睡杀有什么好?"冯氏劈头便是一顿抢白:"若说好都好,若说不好都不好。"《山歌》卷五《亲老婆》讲"……有病还须亲老婆。"冯氏嘲笑道:"忽然道学,还是无病的日子多。"紧后篇《和尚》评:"讨子家婆反未必快活,这和尚还是门外汉。"甚至冯氏可以直接对女贞节烈表示蔑视和嘲讽,《挂枝儿》卷六《记日》评:"尽造得节妇牌坊了,问何以故,曰:曾守过六个月真寡。"

但需要注意的是,冯氏反对的只是"名教之伪药",而并不以整个封建伦理纲常为抨击对象,相反,他对节烈仍是肯定的,但出发点大不相同。《情史》卷一总评里说:"自来忠孝节烈之事,从道理上去做必勉强,从至情上出者必真切。夫妇其近者也,无情之夫,必不能义夫,无情之妇,必不能节妇。"可以看出,冯氏仍在肯定这一套封建伦理标准。这就难怪他编《情史》时要"始乎贞"以"令人慕义"了。但在伦理标准之后,冯氏更大力地倡导其"情"之一元论,并以"情"与"理"的对立为第一义,其余全都落入第二义中,忠孝节烈亦然,当它们与"情"有矛盾时,冯氏便毫不含糊地主情而抑之。《情史》卷一总序接着就说:"古者聘为妻,奔为妾。夫奔者,以情奔也。奔为情,则贞为非情也。"冯氏的"情",可以是维系忠孝节烈的内因,同时也可以是冲决封建纲常的动力,它是以本身为目的的。甚至在《情史》序中,冯梦龙还有所谓"我欲立情教,教诲众诸生"的执念,在这层意义上,《挂枝儿》和《山歌》便成了冯氏"情教"的经义宝卷。

从冯氏在《挂枝儿》和《山歌》里的多处评语可以看出,自称少负"情痴"的冯氏,在男女私情上确在苦苦追求着某种可以名为"真情"的东西,《挂枝儿》卷五《是非·又》末句云:"断送了我的前程也,还要背地里笑着我。"冯氏评论道:"若是送得断的,毕竟还不是好前程,由他背地里笑可也。"可见在没有真情的情况下,冯氏是可以放弃一切的。《挂枝儿》卷五《负心·又》后,冯氏引了一大段真事并发论作诗,其核心是感叹"同衾同穴两情甘"的真情是何等难求。

确实,在当时的社会上,或小言之,在当时冯氏亲历的圈子内,虽然在反对理学禁欲上人们有共同的立场,但对于禁欲的反面,是歧义极大的。《挂枝儿》和《山歌》所收,有许多只是单纯对肉欲或性交的描写,冯氏求真,故照例录下,但都很少置评,更未表示过特殊好感。这与《黄山谜》中"花底闲人"特别热衷此道而津津不止对比极为鲜明。相反,冯氏对周围环境和人心总体上是失望的,对于"虽有知音,不如名琴;虽有知心,不如黄金"的世道,他"为之三叹"(《挂枝儿》卷二《金不换》);对于充满"墙花浪蝶"的青楼,他深悉"十分情只好当作三分用"(《挂枝儿》卷五《闻》)。为此,他倡导的真情,就常常跟"痴""梦""死"之类的概念联系在一起。《挂枝儿》卷一《真心》评:"痴心便是真心,不真不痴,不痴不真。"《梦·又》评:"真梦为何是哄,白日来,未必不哄。"《挂枝儿》卷二《感思》评:"生则愿同衾,死则愿同穴,李三郎千古情语。"有一则评语相当有趣,《挂枝儿》卷四《送别·又》篇,写男女送别依恋难舍,赶脚者哭诉"你两下里调情也,我的驴儿受了苦"。冯评"赶脚者衣食于驴,倚之为命,故爱驴是真"。在冯氏眼中,真情系出自性,不需勉强,真即是真,它不含有善的命义,只是同假相对。而所谓"今之情人"却"真情什无二三矣,名曰相爱,犹未若赶脚者之于驴也",在这种"世情"中,冯氏所倡的"真情"是无法存活的,所以他只能最后归结于缘法,在《挂枝儿》卷一《缘法》篇后,冯氏浩叹曰:"说尽!"其悲凉与失望之情,可以想见。

冯氏的真情不单体现在民歌搜集和评点上,还真切地落实在他的生活实践中。冯氏在评论作品时,常情不自禁地带出自己的亲身经历,说明他将多少寄托附于了《挂枝儿》和《山歌》,又从中得到了多少共鸣或发泄。冯氏对于游冶场是失望的,对于诸如咒誓、苦肉、赠信之类惯伎,是全不信任也满不在乎的,因此,他直言不讳地在《挂枝儿》卷五《扯汗巾》中表示对女方赠物的不屑一顾。许多现代研究者据此指责冯氏征逐秦楼梦馆是对妓女的凌辱,其实这也大可不必,就在《扯汗巾》同卷稍前的《查问》篇后,冯氏早就说明白了:"这几件东西,都没要紧,要紧的不在这几件东西。"冯梦龙在"逍遥游冶场,游戏烟花里"的生涯里还在心中留有"要紧的"东西,那么这"要紧的"是什么呢?大约就是《耐心·又》中所谓"精诚所至,金石为开"了吧。在冯氏相与的妓辈中,有不少热心为他搜集时曲,有的甚至与他感情颇洽。《挂枝儿》卷四《送别·又》有一段动人的记载:"后一篇,名妓冯喜生所传也。喜美容止,善谐谑,与余称好友。将适人之前一夕,招余话别,夜半,余且去,问喜曰:'子尚有不了语否?'喜曰:'儿犹记打草竿及吴歌各一,所未语若者独此耳。'因为余歌之……"冯妓偏招冯梦龙话别并以歌作"不了语",可见二人交情甚笃且冯梦龙搜集民歌的作为已在妓女辈中大有名声,而冯梦龙录下歌后接着说:"呜呼,人面桃花,已成梦境,每阅二词,依稀绕梁声在耳畔也。佳人难再,千古同怜,伤哉。"可见冯梦龙搜集时曲的行为也与对妓友们的真情实感交织在一起了。但这还远不是冯氏心目中的"真情"。当我们看多了冯氏诸如"只索大家含糊云尔"之类的评语时,有时也很想反责他"只怕说人含糊,己更含糊耳"(《耐心·又》)。但是,当我们看到冯氏因一位与他曾有白头之盟的爱伎侯慧卿忽然背盟他适,冯氏彻底伤心,"遂绝青楼之好"①,我们才真正相信冯氏本人对"真情"的追求是真诚的,因此也是悲剧性的。难怪俞君宣在《自娱集·打枣竿小引》中说:"盖吾与犹龙,俱有童痴,更多情种,情多而寡缘,无日不牢愁,东风吹梦,歌眼泪衣,吾两个大略相类。此歌大半牢愁语,聊以是为估客乐。"

很多人指责冯氏趣味狭窄,只挑"私情"歌入集,而没能接触更

---

① 冯梦龙. 太霞新奏(卷七)[M]. 明天启刻本.

丰富多彩的民歌，笔者不否认这里面确有冯氏偏好在内，然而这种偏好是无可厚非的，因为这才是他熟悉的甚至倾其心血的园地。一位真正致力于民间文学工作的人，本应该生活在他所热爱的民间文学的环境之中，力求成为其中一员，接触并感知其中文学以外的东西，唯此才可能真正体会到这种民间文学神旨。所以说，冯氏虽然涉面不广，程度却很深，他能对集内民歌有如此细致的体会并给予恰到好处的评注，或许比单纯通过短期采风而搜集大量资料更有意义。对比《山歌》与《挂枝儿》，明显看出后者比前者的评语要多得多，也深入得多，说明他有话可说，而对于大量"乡下人"的歌，他毕竟是比较隔膜的，所以除了大量"一云""又云"的引录之外，就很少有插话机会了。

《叙山歌》中说："虽然，桑间濮上，《国风》刺之，尼父录焉，以是为情真而不可废也。"冯氏辑《山歌》与《挂枝儿》二集，也以"情真"为标准，则隐然自比于尼父。孔子据说是编订过《诗经》的，冯氏不嫌高攀，恐怕隐约是有些自豪的。

（作者系北京大学中文系教授、博士生导师，中国俗文学学会副会长）

风教风情的左右倾斜
——论明清戏曲家的"情观"

丘慧莹

一、前言

从孔子提出诗可以"兴、观、群、怨"之后,儒家的政教诗学便成为中国诗学传统的主流①,影响所及,便一路由"诗教"到"乐教"②,到"以戏为教"。明代朱权《太和正音谱》里的一段话,可直接视为《礼记·乐记》的延续:

> 夫礼乐虽出于人心,非人心之和,无以显礼乐之和;礼乐之和,自非太平之盛,无以致人心之和也。故曰治世之音安以乐,其政和。是以诸贤形诸乐府,流行于世,鲙炙人口,铿金戛玉,锵然播乎四裔,使赇舌雕题之氓,垂发左衽之俗,闻者靡不忻悦。虽言有所异,其心则同,声音之感于人心大矣。③

---

① 《论语·卫灵公》:颜渊问为邦。子曰:"行夏之时,乘殷之辂,服周之冕,乐则韶舞。放郑声,远佞人。郑声淫,佞人殆。"
② 《吕氏春秋·仲夏纪》便提到音乐与教化之间的关系,并说明音乐本来就有正淫的不同:"凡古圣王之所为贵乐者,为其乐也。夏桀、殷纣作为侈乐,大鼓钟磬管箫之音,以钜为美,以众为观,俶诡殊瑰,耳所未尝闻,目所未尝见,务以相过,不用度量。宋之衰也,作为千钟。齐之衰也,作为大吕。楚之衰也,作为巫音。侈则侈矣,自有道者观之,则失乐之情。失乐之情,其乐不乐。乐不乐者,其民必怨,其生必伤。其生之与乐也,若冰之于炎日,反以自兵。此生乎不知乐之情,而以侈为务故也。"《礼记·乐记》的出现,确立了政教乐学的理论系统。"唯君子为能知乐。是故审声以知音,审音以知乐,审乐以知政,而治道备矣。是故不知声者不可以与言音,不知音者不可与言乐。知乐,则几于礼矣。礼乐皆得,谓之有德。"
③ 朱权.太和正音谱[M]//中国戏曲研究院.中国古典戏曲论著集成:第3册.北京:中国戏剧出版社,1959:11.

中国传统戏曲,以音乐为主要表演系统,从《尚书·舜典》及《毛诗序》,皆清楚可见"诗、歌、声、律、舞蹈"为同一范畴。戏曲感人之深、入人之易,实不可忽视其潜移默化之功。王阳明曰:

> 古乐不作久矣,今之戏子,尚与古乐意思相近……《韶》之九成,便是舜的一本戏子;《武》之九变,便是武王的一本戏子。圣人一生实事,俱播在乐中,所以有德者闻之,便知他尽善尽美,与尽美未尽善处。若后世作乐,只是做些词调,于民俗风化绝无关涉,何以化民善俗?今要民俗反朴还淳,取今之戏子,将妖淫词调俱去了,只取忠臣孝子故事,使愚俗百姓,人人易晓,无意中感激他良知起来,却于风化有益。①

使民俗反朴还淳,最佳良方,便是以优伶演忠孝节义事,使"愚俗百姓,人人易晓"②,其教化功效、层面,皆较古之乐歌更加深远。

明清时期,戏曲文学高度发达,不论是剧本创作还是品评戏曲,都呈现出空前绝后的盛况。有关戏曲创作的种种理论也多有探讨:本色、当行、道学风、时文气、化工、画工、虚实、深浅、浓淡、雅俗、风神、文采、声情、场上、案头……各有着重及坚持。明清文人大量参与戏曲创作,但乐教延伸出来的戏曲风教论,始终深印人心。即便是文人心中皆以戏曲为娱情美听、聊助诙谐、供人笑乐之用,却不自觉于作剧论剧时,认为戏曲当担负劝惩风世的功能。

吕天成《曲品》卷下引孙月峰所言作剧十要:

---

① 杨恩寿.词余丛话[M]//中国戏曲研究院.中国古典戏曲论著集成:第9册.北京:中国戏剧出版社,1959:250.
② 李调元《剧话》:"今之院本,即古之乐章也。每演戏时,见有孝子、悌弟、忠臣、义士,激烈悲苦,流离患难,虽妇人牧竖,往往涕泗横流,不能自已。旁观左右,莫不皆然。此其动人最恳切、最神速,较之老生拥科比、讲经义,老衲上座说佛法,功效百倍。至于渡蚁、还带等剧,更能使人知因果报应,秋毫不爽,盗杀淫妄,不觉自化,而好生乐善之念,油然而生矣,则虽戏而有益者也。"刘念台.人谱类记[M]//中国戏曲研究院.中国古典戏曲论著集成:第8册.北京:中国戏剧出版社,1959:45.

> 凡南剧,第一要事佳,第二要关目好,第三要搬出来好,第四要按宫调、协音律,第五要使人易晓,第六要词采,第七要善敷衍——淡处做得浓,闲处做得热闹,第八要各角色派得匀妥,第九要脱套,第十要合世情、关风化。①

在全面谈到作剧注意事项时,最后还是不得不提"关风化"。而这种以戏为教的戏曲内容要求,及因此产生的审美品评,便笼罩着整个明清剧坛。

然而强调戏曲风教的思想,却与明清文人剧作内容"十部九相思"(李渔《怜香伴》卷末收场诗)的实际情况有落差,文人作剧论剧时,如何统一这样的矛盾?本文试着从明清剧作家的论述及文本中,梳理出一点头绪来。

二、明清剧作家的风教说

早在元人周德清的《中原音韵》序中,便提及"观其所述,曰忠、曰孝,有补于世"的风教观念。夏庭芝《青楼集》则说杂剧"皆可以厚人伦,美风化"。杨维祯(1296—1370)对戏曲内容也提出"劝惩"的要求:"其于声文缀于君臣、夫妇、仙释氏之典故,以警人视听;使痴儿女知有古今善恶成败之劝惩。"(《沈氏今乐府》序)明代高举"以戏为教"论者,当首推《琵琶记》作者——高明(约1303—1370),书中开场《水调歌头》道:

> 秋灯明翠幕,夜案览芸编。今来古往,其间故事几多般?少甚佳人才子,也有神仙幽怪,琐碎不堪观。正是不关风化体,纵好也徒然。论传奇,乐人易,动人难。知音君子,这般另做眼儿看。休论插科打诨,也不寻宫数调,只看孝子共妻贤。骅骝方独步,万马敢争先?②

---

① 吕天成.曲品[M]//中国戏曲研究院.中国古典戏曲论著集成:第6册.北京:中国戏剧出版社,1959:223.
② 有关剧本引文,依《古本戏曲丛刊》,以下不另注出处。

这里便提出戏曲创作需与"风化"有关,应宣扬"孝子共妻贤"的伦理观念。此一"以戏为教"观,到丘浚(1420 或 1418—1495)、邵璨等文人创作戏曲时,发挥得淋漓尽致。

《伍伦全备记》:

《鹧鸪天》书会谁将杂曲编,南腔北曲两皆全,若于伦理无关紧,纵是新奇不足传。风月好、物华鲜,万方人乐太平年。今宵搬演新编记,要使人心忽惕然。

《临江仙》每见世人搬杂剧,无端诬赖前贤。伯喈负屈十朋冤,九原可作,怒气定冲天。这本《伍伦全备记》,分明假托传扬,一场戏里五伦全,备他时世曲,寓我圣贤言。

邵璨《香囊记》:

《鹧鸪天》一曲清歌酒一巡,梨园风月四时新,人生得意须行乐,只恐花飞减却春。今即古、假为真,从教感起坐间人,传奇莫作寻常看,识义由来可立身。

《沁园春》为臣死忠,为子死孝,死又何妨。自光岳气分,士无全节,观省名行,有缺纲常。那势则谋谟,屠沽事业,薄俗偷风更可伤,怎如那岁寒松柏耐历冰霜。闲披汗简芸窗,谩把前修发否臧,有伯奇孝行,左儒死友,爱兄王览骂贼睢阳,孟母贤慈,共姜节义,万古名垂有耿光。因续取五伦新传,标记紫香囊。

皆将高明之"不关风化体,纵好也徒然"发挥到极致。

其后沈鲸作《双珠记》:"留得余风作世维"(卷末收场诗)、《鲛绡记》:"琼英沈老真堪敬,节义双全名振,万古流传戒后人"(第三十出《团圆》【尾】),李开先(1502—1568)《宝剑记》:"诛谗佞、表忠良,提真作假振纲常"(第一出【鹧鸪天】)、《断发记》:"五伦全处蒙旌表,绝发宝剑记世少,管教万古名同天地老"(第三十九出【余文】),陈黑斋《跃鲤记》:"纷纷乐府争超迈,风化无关浪逞才,惟有孝义贞患果美哉"(第四十二折【尾】),张四维《双烈记》:"夫忠妇义谁为伍,全始全终天下无,达者须知几早图"(第四十四出《策封》【尾声】),江楫《芙蓉记》:"夫妻纲常友朋伦,重婚再世果希闻。时人请听《芙蓉记》,不数《香囊》《琵琶》声"(卷末收场诗),阙名《四美记》:"主圣臣忠子孝,妻贤妇节明良。九流三教有纲常,迭作一场新唱"(第一出《究义》《西江月》),都不断重复这样的风教论调,认为戏曲剧本的创作,必当与提振纲常、说忠表孝、扬贞褒义有关,也认为这才是文人剧作家作剧的重要目的。

明代戏曲史上有名的"沈汤之争",除了对音律文词有不同的主张外,作剧宗旨也正好南辕北辙。沈璟以"作劝人群"为作剧目的:

> 达道彝伦,终古常新,友朋中无几何存。朝同兰蕙,暮变荆榛,又陡成波,翻作雨,覆为云。所以先贤,着绝交文,长人间轻薄纷纷。我思前事,作劝人群,可继萧朱,追杜左,比雷陈。
>
> ——《埋剑记》第一出《提纲》【行香子】
>
> 人生忠孝和贞信,圣世还须不弃人。卮言似假,千秋万载垂正论
>
> ——《义侠记》第三十六出《恩荣》【意不尽】

剧中时时出现这样的论点。属于吴江派的作家,所作传奇也大多强调戏曲内容的风化功能。① 王骥德(?—1623)便认为戏曲应与世教有关,而不该只是文人尽情抒写而已:

---

① 有关"吴江派"的由来,一般是以沈自晋《望湖亭》第一出《叙略》《临江仙》所言为准:"词隐登坛标赤帜,休将玉茗称尊。郁蓝继有榴园人,方诸能作律,龙子在多闻。香令风流绝调,幔亭彩笔生春,大荒巧构更超群。鲰生何所似?颦笑得其神。"其后钱南扬在《谈吴江派》一文中又有所增补,今据郭英德《明清文人传奇史》(南京:江苏古籍出版社,2001年版)第八章"沈璟和吴江派"所言,共包括沈璟、卜世臣、吕天成、王骥德、汪廷讷、叶宪祖、史槃、顾大典、徐复祚、许自昌、冯梦龙、范文若、袁于令、沈自晋十四人为吴江派剧作家。

> 古人往矣，吾取古事，丽今声，华衮其贤者，粉墨其慝者，奏之场上，令观者藉为劝惩兴起，甚或扼腕裂眦，涕泗交下而不能已，此方为有关世教文字。若徒取漫言，既已造化在手，而又未必其新奇可喜，亦何贵漫言为耶？此非腐谈，要是确论。故不关风化，纵好也徒然，此《琵琶》持大头脑处，《拜月》只是宣淫，端士所不与也。
>
> ——《曲律》卷四杂论第三十九下

编有《山歌》《挂枝儿》民歌集，且"借男女真情，发名教之伪药"的情教教主冯梦龙（1574—1646），也无法跳脱这样的思考，他在改编剧作中，不断强调风教，俨然儒教代言人：

> 自余加改窜而忠孝志节种种具备，庶几有关风化而奇可传矣。
>
> ——《新灌园》序

> 去淫词，存法戒，要关风化费新裁，直待世有知音方许谐。
>
> ——《新灌园》第三十六折《家国重圆》【尾声】

> 孝子忠臣女丈夫，却将淫亵引昏途。墨憨笔削非多事，要与词场立楷模。
>
> ——《新灌园》卷末收场诗

> 据宋史分回出折，按旧谱合调谐宫。不等闲追欢买笑，须猛省子孝臣忠。
>
> ——《精忠旗》卷末收场诗

> 悲欢顷刻皆妆就，善恶分明看到头，韵协音和传不朽。
>
> ——《双雄记》第三十六折《封拜团圆》【意不尽】

> 传奇之衮钺，何减春秋笔哉！世人勿但以故事阅传奇，直可作一具青铜，朝夕照自家面孔可矣。
>
> ——《酒家佣》序

> 奸邪欺弄祸相随，孙氏全家福禄齐。奉劝世人行孝顺，天公报应不差移。
>
> ——《杀狗记》卷末收场诗

与他在《山歌》《挂枝儿》中不避俚俗、无视传统的"情真",大异其趣。

明清易鼎之时,文人士大夫多于剧作中蕴黍离之悲,以作剧为寄托或浇块垒之用,借以抒发对改朝换代、政权更迭及异族统治的幽思。但无论对清朝政府采取何种态度,许多文人还是在剧作中强调风教:阙名《运甓记》:"遍观乐府,尽丽曲妖词,宣淫导颇,过眼生憎,细追寻风化终无补"(第一出《家门始末》【齐天乐】),李玉(约 1611—1671)《一捧雪》:"分离会合真奇异,孝义忠贞亘古稀,雪成一捧,好似琼瑶万卷垂千祀"(第三十出《杯圆》【尾声】),张大复《读书声》:"叹天宫打算无差迭,跳不出乘除劫。善良元显荣,奸险终遭跌,试看此一场中风化列"(第二十五出《清江引》),朱素臣(约 1621—1701 以后)《锦衣归》:"花还艳,月再辉。素史氏争传艳异,端的是节孝忠贞万古稀"(第二十三出【尾】)、《未央天》:"事关风化人钦羡,挥毫谱出未央天,节教忠贞万古传"(第二十八出《雪冤》【尾声】),朱佐朝《乾坤啸》:"这歌谣休相笑,非是说谎乱胡嘲,做个善恶样子人瞧"(第二十八出【尾】),刘键邦《合剑记》:"但经入耳心皆动,凡在当筵泪欲涟。乐府能为风教助,秽编且付祝融然"(卷末收场诗),范希哲《双瑞记》(一名《中庸解》)序:"秉木铎者,未必即是圣贤;工优孟者,何尝迹履忠孝? 不过借此醒人,为愚夫愚妇说法耳"、《偷甲记》序:"要知胸无把握者,皆缘平昔涵养未深,熏陶鲜术之故耳。由此观之,礼乐诗书之气,操持坚忍之功,乌容一日已哉! 当傀儡棚中,寓棒喝微旨,俾场内观者作场外想,则余此剧,庶乎无罪",等等,都不难看出"以戏为教"的主张从未曾于文人剧作中消失。

迨天下抵定,儒教大行,标举戏曲功能为风教之用的论调更加昌盛。孔尚任(1648—1718)《桃花扇》小引,将戏曲风教功能清楚阐释:

> 传奇虽小道,凡诗、赋、词、曲、四六、小说家无体不备。至于摹写须眉,点染景物,乃兼画苑矣。其旨趣,实本于三百篇,

而义则春秋,用笔行文又左、国、太史公也。于以警世易俗,赞圣道而辅王化,最近且切。今之乐犹古之乐,岂不信哉!《桃花扇》一剧,皆南朝新事,父老犹有存者,场上歌舞,局外指点,知三百年之基业,隳于何人,败于何事,消于何年,歇于何地。不独令观者感慨涕零,亦可惩创人心,为末世之一救矣。

其后周稚廉(1662—1690)《珊瑚玦》:"五伦之外别无奇,亦似风谣亦似诗。暂借梨园明道学,动人处见良知"(卷末收场诗)、《双忠庙》:"阐忠补得双忠传,略得些风人惩劝,不比犁舌涪翁艳语填"(第二十八出《团圆》【尾声】),唐英(1682—1756)《天缘债》:"打梆子唱秦腔笑多理少,改昆调合丝竹天理人心"(第一出《标目》)①,董榕《芝龛记》:"修前史,昭特笔,表纯忠奇孝,照耀羲娥""惟期与伦常有补,风化无颇"(《开宗》【庆清朝】),金兆燕(1718—1789后)《旗亭记》凡例:"填词虽云末技,实能为古人重开生面,阐扬忠孝,义寓劝惩,乃为可贵",夏秉衡(1726—1784后)《诗中圣》:"风花雪月都休道,写不了文章深奥。别开生面,孤忠自立,有关风教"(第一出《家门》【绛都春】),永恩(1727—1805)《双兔记》:"大易无限文章,变爻返覆阴阳。是男是女有何妨?只要名节纲常。对兹一番奇事,方知孝义难忘,作成双兔警优场,特表木兰名望"(第一出《标目》《西江月》),吴恒宪(1727—1780后)《义贞记》:"一双贞义总堪夸,好藉维持风化"(第一出《开宗》《西江月》),陈宝《东海记》凡例:"余作是记,不过为表节孝起见,并不敢以戏为谑",等等,都强调戏曲内容具有风教的责任。清末上海士绅更是资刊印余治《庶几堂今乐》二十八种,要求各戏园"每日搭演一出,以端风化",可知余治剧作,也以风教为主旨。

清代文人剧作家中,夏纶(1680—1753)作剧的风教意图,尤具代表性:

---

① 唐英许多剧作都以花部戏曲为题材改编,都标榜改剧是因为花部戏曲"笑多理少",故改为昆腔以合天理人心。

拙刻五种，初以忠、孝、节、义分为四，而补恨附之。今续以《花萼吟》，则君臣、父子、夫妇、昆弟、朋友分为五，而补恨仍附之。

——《花萼吟》跋

梁廷枏（1796—1861）评论说：

惺斋作曲，皆意主惩劝，常举忠、孝、节、义，各撰一种。以《无瑕璧》言君臣，教忠也；以《杏花村》言父子，教孝也；以《瑞筠图》言夫妇，教节也；以《广寒梯》言师友，教义也；以《花萼吟》言兄弟，教弟也。事切情真，可歌可泣。妇人孺子，触目惊心。洵有功世道之文哉。

——《曲话》卷三

剧作家以忠孝节义为作剧主旨，且全力为之，足见受儒家乐教传统影响甚深。而这种以戏为教的主张，也一直是明清剧作内容的重要要求。

三、风教风情两兼擅

中国的戏曲发展，很早就从娱神蜕变为娱人，只不过与"戏剧表演"相关的一切人员——包括演员、剧作家、演奏家等——其实都是所谓"倡优"阶层，故演戏作剧，是所谓的"戾家把戏"。元杂剧剧作家因时代的特殊环境，在干禄无阶、入仕无门的情况下，从事剧本写作。① 放弃经国凌云志，而与倡优为伍、供人笑乐的生活，对传统知识分子来说，应该是一种痛苦的沉沦。② 即便是邾经、钟嗣成辈强为之解说，认为这些书会才人们是"不屑仕进，及嘲风弄月，留连光景"才从事剧本创作的，也难掩这些人"士失其业，志则

---

① 据史料记载，除少数元剧作家如白朴、史樟、杨梓之流外，大多数的作家都是"门第卑微、职位不振"的下吏或书会才人。

② 有关元代文人心态及处境，可参考么书仪《元代文人心态》（文化艺术出版社2001年版）、《元人杂剧社会》（北京大学出版社1997年版）二书。

郁矣"①、"门第卑微、职位不振"②的拮据困境。

明代宗室朱权(1378—1448),将元代文人作剧、演戏合理化,他引赵子昂的话"杂剧出鸿儒硕士、骚人墨客所作,皆良人也。若非我辈所作,倡优岂能扮乎?推其本而明其理,以为戾家也"强调作为奴仆辈的倡优以供人笑乐为生,与一般文人兴之所至的粉墨登场,是不能相提并论的:"非是他当行本事,我家生活,他不过为奴隶之役,供笑献勤,以奉我辈耳。子弟所扮,是我一家风月。"③有了这样文人与倡优泾渭分明的传统,文人作剧自可不受讥讽,而不被当成是"沉沦"或是"自甘堕落"。

丘浚以馆阁之臣、理学大儒的身份从事戏曲创作,这对后世文人参与戏曲活动有直接的影响。其高举"戏以载道""传奇莫作寻看,识议由来可立身"的旗帜,并直接将剧作写成如程朱理学教科书的做法,虽被后来的剧评家嘲笑为"纯是措大书袋子语,陈腐臭烂,令人呕秽"④、"一记中尽述五伦非酸即腐矣"⑤,但在南戏传奇发展之初,有宗室、重臣提高传奇的地位,传奇因此受文人重视,更多的文人从事传奇创作,建立传奇体制,使传奇审美趣味由民间草莽转向文人品味,强调戏曲风教功能。

当明清文人可以合理地从事剧本写作,而不被视为"倡优贱伶"之列时,戏曲风教问题似乎已不是大多数文人关注的第一义。甚至连丘浚《伍伦全备记》的作剧目的,都被质疑为"以节孝掩风情"⑥。谢谠(1512—1569)《四喜记》"父能教子子扬名,兄弟情怡

---

① 郏经.青楼集[M]//中国戏曲研究院.中国古典戏曲论著集成:第2册.北京:中国戏剧出版社,1959:15.

② 钟嗣成.录鬼簿[M]//中国戏曲研究院.中国古典戏曲论著集成:第2册.北京:中国戏剧出版社,1959:101.

③ 朱权.太和正音谱[M]//中国戏曲研究院.中中古典戏曲论著集成:第3册.北京:中国戏剧出版社,1959:24-25.

④ 徐复祚.曲论[M]//中国戏曲研究院.中国古典戏曲论著集成:第4册.北京:中国戏剧出版社,1959:236.

⑤ 祁彪佳.远山堂曲品[M]//中国戏曲研究院.中国古典戏曲论著集成:第6册.北京:中国戏剧出版社,1959:46.

⑥ 祁彪佳在《远山堂曲品》中提到当时有人认为丘濬年轻时作有《钟情丽集》,后因位列高官,有人讥其年轻所为,故作此以掩年轻时之不经。沈德潜《万历野获编》亦有如是记载。见《顾曲杂言》,收录在《中国古典戏曲论著集成》,第4册,204页。

友难拯。道合君臣夫妇乐,纲常风月两堪称"(卷末收场诗)和童养中《胭脂记》"风情节义难兼擅,胭脂重修在此编,博笑名骚识者传"(第四十一出《团圆》【尾声】)不同的看法,似乎是戏曲内容究竟该为风教还是风情在天平两端角力的先声。王世贞认为《拜月亭》"既无风情,又无裨风教",也提及了戏曲内容的两大重点。①

明代首先标举戏曲创作不必与"风教"有关的剧作家是徐渭(1521—1593),他在《歌代啸》中说:"谩矫时励俗,休牵往圣前贤。屈伸何必问青天,未须磨慧剑,且去饮狂泉。世界原称缺陷,人情自古刁钻。探来俗语演新编,凭他颠倒事,直付等闲看。"(楔子〈临江仙〉)这种戏曲不为矫时励俗而存在的观念,与他"疏纵不为缚儒"(《自为墓志铭》)的态度有关。但徐文长更重视的是汲取民俗文化活泼的生命力以丰富戏曲文学的内容,所以并没有对剧作风情问题多加发挥。

真正摆脱戏曲风教论的,是深受晚明思潮影响的汤显祖(1550—1616),《牡丹亭》里说:"情不知所起,一往而深。生者可以死,死可以生。生而不可与死,死而不可复生者,非情之至也。"(作者题词)这里点出爱情这种出自于人的自然本性,是可以突破伦理、超越生死的。② 此论点一出,后世都认为是戏曲言情的重大宣言。然而仔细看看汤显祖强调的"情",却不仅仅是一己之情,更有着惊人的风教功能。《宜黄县戏神清源师庙记》:

> 可以合君臣之节,可以洽父子之恩,可以增长幼之睦,可以动夫妇之欢,可以发宾友之仪,可以释怨毒之结,可以已愁愤之疾,可以浑庸鄙之好……人有此声,家有此道,疫疠不作,

---

① 何元朗在《四友斋丛说》认为《拜月亭》高出《琵琶记》远甚。此一话题,也引起明代剧论家多所讨论,王世贞在《弇州山人四部稿》里便反驳这样的看法:"《琵琶记》之下,《拜月亭》是元人施君美撰,亦佳。元朗谓胜《琵琶》,则大谬也。中间虽有一二佳曲,然无词家大学问,一短也;既无风情,又无裨风教,二短也;歌演终场,不能使人堕泪,三短也。"收在《中国古典戏曲论著集成》中的《曲藻》,第4册,34页。

② 虽说汤显祖思想深受其师泰州学派传人罗汝芳的影响,然而其于文章中所提的"情",是相对于宋明理学的"理"而言的,内容意义是很丰富的,并不仅止于"风情"一义。不过这种哲学思考落实到文学层面,便是汤显祖在《牡丹亭》里标举的"生者可以死,死可以生"的爱情,而这种爱情是反礼教束缚、与生俱来的真情。

天下和平。岂非以人情之大窦,为名教之至乐也哉!

这样的说法实际上是提高戏剧的影响力,且进一步肯定戏曲的风教功能。不过他重新定义戏曲中属于"风情"的部分,探讨"情"的内涵,摆脱以往只是文人抒情或以娱乐为导向的戏曲创作,在风情与人情之间架起了沟通的渠道。

吴炳(1595—1648)《画中人》仿《牡丹亭》而作:"世间何物似情灵,画粉依稀也唤醒。河上三生留古寺,从今重说《牡丹亭》。"(第三十四出《证画》【尾声】)剧中表彰真情的意味相当浓厚。其《情邮记》前的《情邮说》,更代表吴炳于剧中重情的立场:

> 盖尝论之,色以目邮,声以耳邮,臭以鼻邮,言以口邮,手以书邮,足以走邮,人身皆邮也,而无一不本于情。有情则伊人万里,可凭梦寐以符招,往哲千秋,亦借诗书而檄致。非然者,有心不灵,有胆不苦,有肠不转,即一身之耳目手足,不为之用,况禽鱼飞走之族乎?信矣,夫情之不可已也!此情邮之说也。

被时人称为"传情家第一手"的孟称舜(约1600—1684),则是将风教风情熔于一炉:

> 天下义夫节妇,所为至死而不悔者,岂以是为理所当而为之邪?笃于其性,发于其情,无意于世之称之,并有不知非笑之为非笑者而然焉。自昔忠臣孝子,世不恒有,而义夫节妇时有之。即义夫犹不多见,而所称节妇则十室之邑必有之。何者?性情所钟,莫深于男女,而女子之情,则更无藉诗书理义之文以讽谕之,而不自知其所至,故所至者若此也。
>
> ——《娇红记》题词
>
> 男女相感,俱出于情,情似非正也,而予天下之贞女必天下之情女者何?不以贫富移,不以妍丑夺,从一以终,之死不二,非天下之至情种者而能之乎?然则世有见才而悦,慕色而

亡者,其安足言情哉?必如玉娘者而后可以言情。此此记所以为言情之书也。

——《贞文记》题词

此种言情的态度,虽不自外于风教,却非风教中的伦常之情。他深入人性深层的基本发动——两性相感的至情,并将男女忠贞不渝的爱情,扣合风教中的节义,将戏曲"风情"的内容,带到一个全新的境界。

不过徐复祚(1560—约1630)全盘推翻掉这种思考,认为戏曲本不需要承担这样的功能,他认为"风教当就道学先生讲求,不当责之骚人墨士也",且戏曲作为"歌演以佐酒"之用,"出于优伶之口,入于当筵之耳",更无须闻之堕泪。① 更生氏在《双红记》里也提到:"传奇本供欢笑,何须故作辛酸。"(第一出《颠末》《西江双月》)这是将戏曲视为娱情之用的代表。

明清易鼎前后,剧作家对戏曲之"情"的内涵探讨,并没有超出明代文人的思考。洪升(1645—1704)的《长生殿》,是将风教风情融合为一的比较成功的作品:

史载杨妃多污乱事……若一涉秽迹恐妨风教绝不阑入览者有以知予之志也。

——例言

今古情场,问谁真心到底?但果有精诚不散,终成连理。万里何愁南共北,两心那论生和死。笑人间儿女怅缘悭,无情耳。感金石,回天地,昭白日,垂青史。看臣忠子孝,总由情至。先圣不曾删郑卫,吾侪取义翻宫征。借太真外传谱新词,

---

① 此为针对王世贞评《拜月》缺点而发。"何元朗谓施君美《拜月亭》胜《琵琶》,未为无见。拜月宫调极明,平仄极协,自始至终,无一板一折非当行本色语,此非深于是道者不能解也。弇州乃以'无大学问'为一短,不知声律家不取于弘词博学也;又以'无风情、无裨风教'为二短,不知《拜月》风情本自不乏,而风教当就道学先生讲求,不当责之骚人墨士也。用休之锦心绣肠,果不如白沙鸢飞鱼跃乎? 又以'歌演终场不能使人堕泪'为三短,不知酒以合欢,歌演以佐酒,必堕泪以为佳,将薤歌、蒿里尽侑觞具乎?"见徐复祚《曲论》,收录在《中国古典戏曲论著集成》,第4册,236页。

情而已。

——第一出《传概》《满江红》

张坚(1681—1763)《梅花簪》"纲常宇宙谁维系,千秋节义情而已"(第一出《节概》《菩萨蛮》),蒋士铨(1725—1785)《空谷香》"天公肯降神仙祸,因下界孝义忠贞要借重他,那青史上芳名都似这兰一朵"(第三十出《香圆》【尾声】),沈少云(1760—1820?)《一合相》(一名《破镜圆》)引"洵入梨园,可维世俗,而发人深省也。余虽丐者,宁独无意于挖扬风雅乎",都是走孟称舜的路子,旨在写情,却以贞烈节义的风教作结,使道德情感化,情感道德化。

李调元的论点"达乎情而止乎礼义",应是清代剧作家对风情与风教关系的最佳注脚:

夫曲之为道也,达乎情而止乎礼义者也。凡人心之坏,必由于无情,而惨刻不衷之祸,因之而作。若夫忠臣、孝子、义夫、节妇,触物兴怀,如怨如慕,而曲生焉,出于绵渺,则入人心脾;出于激切,则发人猛省。故情长、情短,莫不于曲寓之。人而有情,则士爱其缘,女守其介,知其则而止乎礼义,而风醇俗美;人而无情,则士不爱缘,女不守其介,不知其则而放乎礼义,而风不淳,俗不美,故曲者正鼓吹之盛事也。

——《雨村曲话》序

戏曲"风情"的提出,从最早的"娱情",转变成徐渭的"真情"、汤显祖的"人情"、李渔的"世情"、蒋士铨的"风情",甚至演化出"情到真时事亦真"(冯梦龙《洒雪堂》卷末收场诗)。探讨艺术真实与历史真实的问题,由此可知戏曲"风情"内容的重要。

值得注意的是,清代剧作家甚少在剧作标目或结尾,提出作剧主旨为"风情",却不自觉地在描写男女悲欢离合的同时,为这些剧作穿上风教的外衣,探究其因,应是与清代中叶以前的几次戏曲禁令有关。雍正、乾隆朝时,都曾颁过"不许装扮历代帝王后妃及忠臣烈士先圣先贤神像"的律令,雍正三年还加了一条现行例,对所谓"鄙俚亵慢之词"的刊刻及传播者都要处罪①,然对于戏曲里神仙道扮及义夫、节妇、孝子、顺孙、劝人为善者,因"事关风化,可以兴起激劝人为善念",故听任其装扮,不在应禁之限。清代文网之密,罗织成风,"鄙俚亵慢"这样不着边际的查禁标准,令人无所适从。文人为明哲保身起见,于剧作自誓作剧意图,甚至攀扯与"风教"的关系,应是不难理解的情况。

四、清代花部戏曲的风教与风情

清代戏曲展史上有一个重要的课题,即"花雅之争",起于政治力干预地方戏曲发展,乾隆五十年禁唱花部声腔,便是因为其演剧内容"非狭邪媟亵,即怪诞悖乱之事"②,对风俗人心影响甚大。所以花部戏曲被禁,与其内容影响风教有莫大关系。③

然而时代相当的理学大师焦循,是这样称道花部特色的:

> 梨园共尚吴音。"花部"者,其曲文俚质,共称为"乱弹"者也,乃余独好之。盖吴音繁缛,其曲虽极谐于律,而听者使未睹本文,无不茫然不知所谓。其《琵琶》《杀狗》《邯郸梦》《一捧雪》十数本外,多男女猥亵,如《西楼》《红梨》之类,殊无

---

① 王利器.元明清三代禁毁小说戏曲史料[M].台北:河洛出版社,1980:31.

② 见嘉庆三年所立《翼宿神祠碑记》:"元明以来,流传剧本,皆系昆弋两腔。已非古乐正音,但其节奏腔调,犹有五音遗意,即扮演故事,亦有谈忠说孝,尚足以观感劝惩。乃近日倡有乱弹、梆子、弦索、秦腔等戏,声音既属淫靡,其所扮演者,非狭邪媟亵,即怪诞悖乱之事,于风俗人心殊有关系。此等腔调,虽起自秦、皖,而各处辗转流传,竞相仿效。即苏州、扬州,向习昆腔,近有厌旧喜新,皆以乱弹等腔为新奇可喜。转将素习昆腔抛弃,流风日下,不可不严行禁止。嗣后除昆弋两腔,仍照旧准其演唱;其外乱弹、梆子、弦索、秦腔等戏,概不准再行唱演。所有京城地方,著交和珅严查饬禁,并著传谕江苏、安徽巡抚、苏州织造、两淮盐政,一体严行查禁。"收录在《江苏省明清以来碑刻资料选集》(北京:三联书店,1959),296页。有关花雅得名及其他禁唱花部声腔等相关问题,可参见丘慧莹《乾隆时期戏曲活动研究》。

③ 其实花部戏曲声腔是非常多样的,只不过当时是将昆腔以外的其他声腔,都一齐划入花部的范围,乾隆五十年京城禁唱花部戏曲,其实主要是针对以魏长生为代表的秦腔,但此一禁令,将花部戏曲一视同仁,都赶出京城,且各地也都查禁。不过在不久之后,即乾隆五十五年的八旬寿典,属于花部声腔的徽班,却又进京祝寿去了。

足观。花部原本于元剧,其事多忠、孝、节、义,足以动人;其词直质,妇孺亦能解;其音慷慨,血气为之动荡。

——《花部农谭》序

他是从声音、文词、内容多方面来推举花部戏曲的。花部戏曲曲文俚质,不染明清文人的饾饤八股恶习;声腔"慷慨",有振奋人心之力量;故事多"忠、孝、节、义"事,故可移风易俗,藉戏曲之嬉笑怒骂,行春秋之笔。站在戏曲风教立场,花部戏曲的声腔、故事、内容皆与淫靡二字全然无涉,于是乎焦循敢大声地说"独好""特喜",甚至还直指明清传奇"多男女猥亵"无益于风教的重大缺点。

花部戏曲为何予人"重风情"或"重风教"截然不同的感觉?究其所以,还是因为花部戏曲演出内容,正是风教与风情的天平两端。花部戏曲,少数依明清文人剧本改腔换调以供搬演,如《西厢记》《牡丹亭》《义妖记》《长生殿》《连环记》《虎囊弹》《钗钏记》《牧羊记》《占花魁》《义侠记》《水浒记》《琵琶记》《烂柯山》《绣襦记》《荆钗记》《红梨记》《四声猿》等①,虽说这些剧作不必然和"风教"画上等号,但在前面分析过的"风情与风教熔于一炉"的情况下,也是可以被文人所接受的;纵然花部戏曲与明清昆腔剧本的原汁原味有所不同,但最少故事还是明清文人所著,改动不大。

至于那些源自民间的风情小戏:《落店》《偷鸡》《花鼓》《搬场拐妻》《探亲》《相骂》《上街》《连相》《猩猩》《借妻》《回门》《月城》《堂断》《看灯》《灯》《抢甥》《瞎混》《戏凤》《借靴》《磨房》《串戏》《打面缸》②,大约在乾隆四十年前后就活跃在戏曲舞台之上。乾隆五十年成书的《燕兰小谱》,书中所提及的当时在舞台上流行搬演的京秦两腔戏更有《烤火》《卖饽饽》《缝搭膊》《三英记》《吃醋打门》《滚楼》《王大娘补缸》《看灯》《吊孝》《龙蛇镇》《小寡妇上坟》《浪子踢球》《背娃子》《三荆记》《别妻》《思春》《葡萄架》

---

① 潘丽珠.清代中期燕都梨园史料评艺三论研究[M].台北:里仁书局,1998:189-217.

② 以上录自乾隆四十二年鸿文堂刊本的《缀白裘》六编及十一编。因《缀白裘》版本有非常大的问题,版本的不同,将牵涉所收剧目的不同。

《吉星台》《倒听》《打樱桃》《拐磨》《百花公主》《樊梨花送枕》《如意钩》《大闹销金帐》《桂花亭》《葫芦架》《双麒麟》等剧。① 雨后春笋般出现的新剧作,内容多是男女风情、丑旦玩笑,此一情况对文人而言,正落实了"非狭邪媒亵,即怪诞悖乱之事"的指控。再加上花部演员演戏时,以"妖冶趋时""媚眼横飞"②为尚,难怪当时文人大力排斥花部戏曲。

就连剧作改编自花部戏曲的唐英,也都免不了批评"打梆子唱秦腔笑多理少,改昆调合丝竹天理人心"(《天缘债》第一出《标目》下场诗),并为着无关风教的剧情及扭曲的戏曲人物抱屈:

(副)你们可有《借老婆》那出戏么?

(丑)这是我们班里第一出首戏,最是好看的。除此以外,再没有好似他的。

(副)嗳呀!李老爷,你饶了我罢!我好好的一个张骨董,被他们这些梆子腔的朋友们到处都是借老婆,弄得个有头无尾,把我妆扮的一点人味儿都没有了。糟蹋了我一个可怜!今日要唱这样戏,分明是打趣我了。

(小生)大哥,他自唱他的戏,于我们什么相干!

(副)虽然不与我们相干,弄得我怪不好意思的。若得个文人名士改作昆腔,填成雅调,把你今日待我的这一番好处也做出来,有团圆,有结果,连你我的肝胆义气也替咱们表白一番,才是好戏。若仍是旧日的排场,不敢领教,求免了罢!③

足见在文人接受花部戏曲之前,富于风情笑闹的花部剧作,是被文人所排斥的。然曾几何时,徽班进京、京剧二黄正式进入宫廷,就连花部的玩笑小戏如《花鼓》《借靴》《瞎子拜年》都还时常在

---

① 安乐山樵(吴长元)《燕兰小谱》,收录在张次溪编纂《清代燕都梨园史料》正续编,17-33页。

② 安乐山樵(吴长元)《燕兰小谱》,收录在张次溪编纂《清代燕都梨园史料》正续编,20-22页。

③ 唐英.天缘债[M]//周育德.古柏堂戏曲集.上海:上海古籍出版社,1987:473.

宫廷里搬演,更遑论有风教意味的《刺汤》《四郎探母》《战长沙》等。① 文人竞相捧角作剧的结果,便是花部戏曲的风情与风教一样受到重视。

焦循推崇花部戏曲,除了说明他开放的态度之外,更因为花部戏曲在当时的蓬勃发展。《花部农谭》一书,虽是清代文人第一个以开放心胸接纳花部戏曲,且敢于推崇表扬的产物,但重视的并非花部剧作的风情,而是感人至深的影响力,虽说别具眼光,但脱离不了戏曲风教的传统看法。

五、结语

在高明提出"论传奇,乐人易,动人难"时,已经提及戏曲审美的另一层思考——戏曲作为娱乐的本质思考,清代的吴震生(1695—1769)在《地行仙》也提及"说传奇,笑人易,哭人难"。可惜的是,这样的思考并没被延续讨论及注意。

作为传统乐教概念的延伸,中国戏曲"以戏为教"的观念,在明清文人传奇初生之时,合理地提高了戏曲地位。然而中国古典剧论对戏曲功能论的探讨不多,多数文人皆以为戏曲本该具有风教作用,无须刻意强调。连擅写通俗风情的李渔(1610—1680),在《比目鱼》剧作中,也不免于喜剧娱情的同时,写出"迩来节义颇荒唐,尽把宣淫罪戏场。思借戏场维节义,系铃人授解铃方"(卷末收场诗)。恐怕正是受到"君子乐得其道,小人乐得其欲"的影响,所以始终不能忘怀君子的身份,必得"以道制欲,故乐而不乱"。

汤显祖提出的戏曲言情说,为当时流行的风情戏曲找到合理的出口,然因临川并非否定戏曲风教论,故后起剧作家便以此为据,融风教与风情为一炉。只是对戏曲所言之"情"为何物的探讨,却因明清的易鼎及思潮的蜕变,而无法深究。戏曲言情的部分,由"娱情"走向"真情""世情""人情"的多样面貌,常因"风教"深入人心且牢不可破,笼统地掩盖了"风情",而难见其精彩发挥。

花部戏曲初露头角之时,风情小戏的部分,完全不能被"解释"

---

① 丁汝芹.清代廷演戏史话[M].北京:紫禁城出版社,1999:205-237.

为具有风教意图，文人因此排斥，政府也以此用政治力干涉禁止。焦循反其道而行，以花部戏曲具有如同元剧一般的风教内容，来反驳时人的歧视观点，并直指明清文人传奇十部九相思的风情部分。

详究明清传奇的内容，文人在娱情之外，刻意攀扯上风教，其实并没有真正摆脱以戏为教的思维，却为自己的爱好享乐及剧本创作找到借口。而清代戏曲的内容，在风教与风情的巧妙平衡之中，并没有对戏曲言情的部分有石破天惊的发展。

（作者系苏州大学文学院民间文化研究中心特约研究员）

名家新作

孔子"使无讼"理念和冯梦龙宦寿的司法实践

王 凌

"无讼"是两千多年前孔子首先提出的,见于《论语·颜渊篇》:"子曰:听讼,吾犹人也,必也使无讼乎?"其一,可以看到,孔子并不否定诉讼,而且认为应当按照一定的程序进行听讼活动,所以他说"听讼,吾犹人也"。其二,可以看到,孔子追求的理想境界是"无讼"。但他并不是简单地认为实现"无讼"就是不要打官司,更没有天真地幻想一夜之间就能出现无纠纷的境界。他说的是"必也使无讼",这"使"就是要求人们(尤其是执政者、司法者)做出各种主观努力。几千年来,"使无讼"已成为儒家的信条之一。

以儒家正宗自居的冯梦龙,一生遵循"达则兼济天下,穷则独善其身"的信条。仕途不得意的他,终于在60周岁那年(即公元1634年,明崇祯七年),被选派担任福建省一个十分僻远贫困的山区小县——寿宁县的县令。但他依然十分珍惜这个仕宦机会,想借寿宁这个平台实现他济苍生的理想和展英才的抱负。

此时的冯梦龙,虽然只是一个少年高中秀才、晚年拔为贡生、只当过一任镇江(丹徒县)训导、从政资历甚浅的县令,但60年的沉浮生涯,已把他从一个饱读诗书、不谙世事的书生,磨炼成社会阅历丰富、充满政治智慧的儒者。他到任后依然追求"使无讼"的理想,但深知这是一个复杂艰巨的系统工程。于是他从寿宁"岭峻溪深,民贫俗俭"的实际出发,提出自己的施政纲领:"险其走集,可使无寇;宽其赋税,可使无饥;省其谳牍,可使无讼。"[①]他明白,

---

① 冯梦龙.寿宁待志[M].第22卷.福州:福建人民出版社,1983:88.

从大的方面讲,要想办法解决百姓的温饱问题,达到最低限度的"无饥",要防止百姓无路可走而铤而走险,达到最低水平的社会安定,这样才能为"无讼"创造必要的条件和前提。所以他把"险其走集,可使无寇;宽其赋税,可使无饥"与"省其谳牍,可使无讼"联系在一起,作为施政纲领,这是十分有见地的。

"省其谳牍,可使无讼"则是冯梦龙在司法实践上的主张。"谳"是审判定案之义,"牍"指案卷文书。冯梦龙主张,对这两者(包括"谳"与"牍",我不认同"谳牍"仅指判案文书的说法)都要"省",即要尽量减少案件的发生,简化案件的审理,尽量减少审理案件中的冗杂文书。冯梦龙在宦寿的司法实践中,也基本上做到了这两条。尤为值得称道的是,冯梦龙在当时县官集行政、司法大权于一身的体制下,积极调动各种手段,努力主持公平正义。

其一,打击首恶,公正断案,敢于碰硬。这是任何一个社会司法公正都不可缺少的基础,何况在明朝末年,皇权风雨飘摇,社会矛盾暴发,案件层出不穷,恶人横行无忌,法律的权威和社会的稳定都受到严重的挑战,其中受害最深的是那些处于社会底层的普通老百姓。他们盼望清官出现,同时观察县官是否敢于碰硬。冯梦龙深知这一点。他上任后,发现处于寿宁、政和、宁德、古田四县交界处的泗洲桥,山高路险,地势偏僻,"皆从来顽民渊薮,非劫即窝,根蒂深固",附近土豪互相勾结,"目无官府,欠粮拒捕,无所不至";而"有司知而不敢问",更增添了这些土豪的嚣张气焰。①冯梦龙经过调查,发现主犯为陈伯进;并了解到:"陈伯进,七都泗洲桥人,父以主讼问徒,家破尽。进唱杨花丐食,往来于磻溪、西溪之间。因与盗通家,道渐起,恃其口舌,遂为一方之霸。"(按,在法治不健全,一般老百姓不知法、不会打官司的情况下,"讼棍"的出现是必然的。解决这个问题,是实现"无讼"的必要条件和前提。)陈伯进"杀人屡案,皆以贿脱,因已弄官府于掌上矣"。(按,刁民与贪官相结合,是封建社会的一大痼疾,更是乱世、末世百姓蒙冤的一大主因。)他深知破此案是有相当难度和风险的:"余莅事以来,

---

① 冯梦龙.寿宁待志[M]:第13卷.福州:福建人民出版社,1983:88.

凡从来难致之犯,如黄茂十、范应龙无不就擒(按,这说明冯梦龙一向敢于明断讼案,陈伯进案不是孤独的例子),而独不能致伯进。县差至,阖其门,挈汤壶从楼窗灌下,溃面而返。"(按,如此猖狂,确为当时寿宁的大案要案。此案不断,谈何"无讼"?谈何"为民"?)但他还是知难而进:"余耻其衡命。(按,一个"耻"字,凸显冯梦龙的责任感,其为官尽责、敢于碰硬的本色,跃然纸上。)因郡归之便,亲往索之。"虽然"进纠西溪恶党朱仙堂等持挺相抗",最后还是在冯梦龙的严正执法面前束手就擒。①邪不压正,此之谓也!

其二,注重以案释法,尤注意以大案要案显示法律的威权,寓审判和教化于一体。这种司法教化,是震慑坏人、减少案件,最后为"无讼"创造条件的重要手段。如上述陈伯进一案,审结后,冯梦龙认为:"今虽申究问徒,未蔽其辜,终当以丹书垂戒。"②也就是说,他更注重发挥典型案件的"垂诫"作用。原来寿宁县过去既有"旌善亭",又有"申明亭";把那些恶人的劣迹公之于大庭广众面前,即谓"申明"。冯梦龙上任后,发现"申明之典亦久旷矣",于是他把一个名叫"符丰"的坏蛋刻在"申明亭"上。"符丰者,余初莅任时所申也。仇视其族,遍讼各台,更名借籍,诬杀陷盗,如鬼如蜮,不可端倪。"在审理陈伯进案件后,冯梦龙发现:"然今日观之,丰不足怪,殆有甚焉",于是他把陈伯进一案详细写入《寿宁待志》,希望发挥"以惕其余"的作用。③审理一个案件后,加强以案释法,以达到震慑、警醒、教化一批人的目的,是中外古今行之有效的措施。

其三,发现案件,及时进行现场调查,努力减少诉讼环节,在坚持公正断案的同时,采取灵活处置的措施,努力以司法手段化解矛盾。《寿宁待志》中记载的"三望洋断案",可为明证。"青竹岭村人姜廷盛"主动到县衙门告状,控告邻村人"刘世童劫其粮而砍伤其弟",同时带其弟前来做证,"验伤刀创可畏",且"保家凿凿为证"。自古"恶人先告状",似这样巧设圈套,再遇到一个庸官贪

---

① 冯梦龙.寿宁待志[M]:第24卷.福州:福建人民出版社,1983:110.
② 冯梦龙.寿宁待志[M]:第24卷.福州:福建人民出版社,1983:110.
③ 冯梦龙.寿宁待志[M]:第24卷.福州:福建人民出版社,1983:110.

官,也就必成错案无疑了。可是当冯梦龙看到被告刘世童也主动来到衙门,申明自己为姜廷盛诬陷时,既没有凭表象而枉断官司,也没有简单地要求刘世童做"无罪申明",而是"各召保",稳住双方,然后于次日亲自前往三望洋现场察访;为了保证察访的准确性,他采取声东击西、微服私访的形式,不但取得了第一手证据,而且了解到姜廷盛的作案动机,用现在的话说,就是"重心下移到第一线";然后开庭审理,并采取严厉的刑事处分措施:"重扑廷盛",以示法律之公正,但他又从寿宁的实际出发,采取灵活的审判手段:"取同保家甘结,俾领弟回疗治,若不死,许从宽政",同时保留再次给予刑事处分的权利:"否则尔偿",这种既严厉又灵活的审案方法,产生了巨大的震慑作用,"盛计窘,谨为调护,遂得无恙"。①可以说,这种断案,取得了从"听讼""断讼"到"化讼""息讼"的阶段性成果。

其四,旧案不推托,难题不回避,为化解矛盾创造条件。如近几年寿宁县在犀溪乡西浦村缪氏家族修于清嘉庆三年(公元1798年)的《缪氏大家谱》中,发现了一份冯梦龙任知县时发布的民事文告(手抄稿)《县主冯告示》,实际上最后署名的是三级衙门,即"建南道费""本府(按,建宁府)正堂蒙"和"本县(按,寿宁县)正堂冯"。起因是缪氏族人"连签呈",称他们的祖墓"自宋元至皇明,流管三朝,计年数百","向承传扫至今"。且在有关文书均有记载,没有异议("无异晋箓")。但近年来墓地上的"枫、樟、大杉围木","旧遭邻豪希图混争"。缪氏族人连告道、府、县三级衙门,不知何因,案件久拖不判,纠纷也难以平息。冯梦龙"新官理旧案",经调查属实后做出判决,贴出公告,并派"分守带管兵巡",于是了结了一场多年未断的民事官司,避免了矛盾扩大化。对于一些社会纠纷,根据实际情况,采取司法调解,也不失为化解矛盾的好方法。如寿宁民间流传的冯梦龙断牛案,就是典型的例子。两个村庄土地相邻,平时就因小事摩擦而发生过吵架乃至械斗等纠纷。有一次双方牧童放牛不慎,引起两村之牛相斗而出现"一死一

---

① 冯梦龙.寿宁待志[M]:第14卷.福州:福建人民出版社,1983:40.

伤"的结局。于是旧怨加上新隙,双方村民又由争辩发展到吵架,如不及时制止,一场更大的械斗难以避免。冯梦龙得知此事后,亲往现场了解情况,及时下发调解文告:"两牛相争,一死一生,死者同吃,生者同耕。"这种由县官发出的文告,在当时就是带有强制性的司法调解文书,由于符合纠纷实际和当地民情民俗,发挥了由"化讼"到"息讼"的作用。故冯梦龙断牛案在民间流传数百年不衰,至今仍为百姓津津乐道。

其五,重视自律,以身作则;对下属则采取严肃管理与合理关爱相结合的办法,督促他们尽可能地为民公平办事。这一条,是做到司法公正的关键。冯梦龙所处的明朝末年,贪腐成风,纪纲败坏。他自知人微言轻,无回天之力,但仍始终坚持自律。面对山区小县的诸多困难,他考察"时事之纡促,风俗之淳漓,民生之肥瘠,吏治之难易",提出"司政者可以不兢兢乎哉"。兢兢业业的冯梦龙采取的办法是:"以勤补缺,以慈辅严,以廉代匮,做一分亦是一分功业,宽一分亦是一分恩惠。"①"一念为民之心",是他严以自律的道德底线。所以他上任后,详细考察以前历任同仁的得失,从中吸取借鉴。他调查后认为,旧知县戴镗是个难得的好县官,便为他不能入名宦祠而鸣不平:"戴侯设四隘,详复民兵,积谷则有准粮之法,征输则有月限之法,繇是奸宄屏息,坊里安堵,庚藏克实,卓哉能者!不但循良而已。公论咸归,祀典尚缺,此亦地方之责也。"②他了解到旧知县蒋诰,在九岭上捐钱植松及采取"种松自赎"的灵活司法措施,深为赞扬:"侯之善政不尽详,但闻捐钱植松数百于九岭,以蔽行人。今渐耗,其存者犹数十。笞罪亦许种松自赎,即此可想其人矣。"③他赞赏戴镗建"四知堂"(天知地知你知我知)以促进自律的办法,发现"今并其匾失之矣",于是"修理后堂,重立四知堂匾,以存往迹"④。他发现原有的名宦祠"仅破屋一间,全无窗槅,余纠正,上加复尘,中设栅栏,非祭日则关锁之,始免嚣秽",对

---

① 冯梦龙.寿宁待志[M]:第21卷.福州:福建人民出版社,1983:88.
② 冯梦龙.寿宁待志[M]:第21卷.福州:福建人民出版社,1983:89.
③ 冯梦龙.寿宁待志[M]:第21卷.福州:福建人民出版社,1983:90.
④ 冯梦龙.寿宁待志[M]:第3卷.福州:福建人民出版社,1983:7.

过去的官吏做详细了解,一一点评,该入"名宦祠"的都予以列入,目的是"以励师模"①,即发挥其示范作用。

  他洞悉寿宁衙门的弊病:"县书吏无工于书算者","性习复懒",但"机械未深,稍有奸欺,破絮立见",所以采取了必要的防范措施。每当造黄册时,书吏时常作弊,贻下无穷遗患。冯梦龙就在他的私署旁边建"侧屋三间","遇紧要册籍,余辄锁书吏其中饮食之,事竣乃出"②。他在惩处泗洲桥的土豪陈伯进后,"请详上台",将原有的"候缺巡简一名","驻劄七都",同时"戒以毋受辞,毋擅决,毋生事,毋亵体"③,即防止他们远离县衙、远离上级监督而胡作非为,而不是简单地采取一个行政措施就不管不问了。他对下属既严格,又关心。及时向上级反映下属的政绩,并为山区小县干部提拔不易而鸣不平:"令既独难,属益不易。令强则为骈指,令弱则嫌代斵。才胜则上虞相形,才不胜则下虞倒制。其强力而济以小心,鲜克终始。或有异品引拔一二,毋以僻陋忽遗,倘亦激发之一术与。"④

  在当时的情况下,冯梦龙以"自律"树立道德风范,又因地制宜地"整治吏治",在一段时间内取得了良好的效果。康熙年间的《福宁府志》和《寿宁待志》都给他16字的评价:"政简刑清,首尚文学,遇民以恩,待士有礼。""政简刑清"是封建社会志书对一般清官的评价。"政"者,"政事"也,要简化处理,以不扰民为原则。"刑清"则是指案件能及时处理,公正处理,清清楚楚,所以监狱里就没有关押待审的犯人。而在冯梦龙任内,据他的《寿宁待志》记载,"监狱时时尽空,不烦狱卒报平安也"⑤。所以他才撰联自况:"讼庭何日能生草,俗吏有时亦看山。"当时的福建大文豪徐𤊹为冯梦龙诗集《八闽吟稿》写序时也赞扬他:"令早起坐堂,皇理钱谷簿书,一刻可了。退食之暇,不丹铅著书,则捻须吟咏。计闽中五

---

① 冯梦龙.寿宁待志[M]:第4卷.福州:福建人民出版社,1983:10.
② 冯梦龙.寿宁待志[M]:第3卷.福州:福建人民出版社,1983:7.
③ 冯梦龙.寿宁待志[M]:第13卷.福州:福建人民出版社,1983:38.
④ 冯梦龙.寿宁待志[M]:第21卷.福州:福建人民出版社,1983:86.
⑤ 冯梦龙.寿宁待志[M]:第14卷.福州:福建人民出版社,1983:40.

十七邑,令之闲无逾先生,而令之才亦无逾先生者。顾先生者,虽耽诗乎而百端苦心,政平讼理又超乎五十七邑之殿最也。""政平讼理"是"无讼"的现实写照!

但坦率地说,我个人最为欣赏的还是"余平生不求名而求实"的冯梦龙,他并没有就此粉饰现实,更没有自我标榜。他在《寿宁待志》一书中,还如实地介绍说,在他的任上,虽然寿宁案件该处理的都尽量公正地审理了,却不是什么大案都没有,也不是没有一件冤案;当然,更不是全县"太平无事"。其一,"狴犴中,累年无大辟,未必真刑措也"①。其二,"县无件作,凡告简必须关诸松、浦,其来必有安家路费及到县供给,事毕赏劳皆责办于犯人。此辈又奇货自居,任其索诈,上下出于其手。即有真命亦多免简愿息,有司不得已从而听之。噫!怨抑之不伸者有矣"②。其三,百姓不知法律,打官司容易被讼棍操纵。冯梦龙从调查中得知,寿宁地处偏僻高山,百姓文化程度普遍较低,"不知法律","惮于见官",不喜欢也不会打官司;但又"性悍而量窄","以气相食"③。在此背景下,一些讼棍便应运而生,欺骗官府,残害良民,上下其手,危害很大。这是当时寿宁司法必须解决而又难于在短期内解决的一个问题。其四,道德教化的作用是要长期坚持才能呈现效果的,不可能"立竿见影"。所以冯梦龙坦言:"若夫化顽为淳,转瘠成肥,非曰能之,以俟君子。"④

我们能不对冯梦龙坚守信念、力挽狂澜、勇于担当的实践表示由衷的钦佩吗?

从孔子提出"必也使无讼"的理念,到明末冯梦龙知县"省其谳牍、使其无讼"的司法实践,我们看到,在两千多年的中国漫长的封建社会中,经过无数儒家知识分子及其官员的实践和宣扬,"无讼"理念(应当是"使无讼",本文且按过去的习惯性说法表达)已经深入人心,约定俗成,并与一系列司法措施相配合,在调节社会

---

① 冯梦龙.寿宁待志[M]:第14卷.福州:福建人民出版社,1983:40.
② 冯梦龙.寿宁待志[M]:第14卷.福州:福建人民出版社,1983:40.
③ 冯梦龙.寿宁待志[M]:第17卷.福州:福建人民出版社,1983:47.
④ 冯梦龙.寿宁待志[M]:第20卷.福州:福建人民出版社,1983:63.

矛盾中发挥了重要作用,以至成为中华文明的一个组成部分。

我认为,其涵盖内容主要包括以下四个方面。

其一,"无讼"作为中华民族追求"大同"理想的一个重要标准,指的是社会稳定和谐,没有官司可打了,广大百姓可以获得安居乐业的社会环境。

其二,"无讼"是个理想,实现并不容易。儒家并不是一味反对法治,而是主张"礼法合治","礼"是制度,"法"是法律。古代中国"礼仪"制度相对比较完备配套,"法律"则相对不太系统严密;而且在皇帝至高无上的封建专制体制下,人治行为普遍盛行并在一定程度上影响了法治的实行。但是,也不能认为古代完全无法可依。

其三,为了达到"无讼"的理想境界,儒家主张"德主刑辅"和"宽猛相济"。"德主刑辅"不是去"刑","无讼"不等于不打官司。儒家强调以道德教化为主,辅之以司法。正如孔子所说:"道之以政,齐之以刑,民免而无耻;道之以德,齐之以礼,有耻且格。"(《论语·为政篇》)这里把"刑""礼""德"三者的关系讲得十分明白。在开展司法治理方面,儒家主张"宽猛相济",同时重视通过调解方法来化解矛盾,以达到"化讼""息讼"的目的。

其四,强调"民惟邦本",要求肩负着司法重任的各级官吏有爱民之心,要严格"自律"。其检验的重要标准,则是看该官员任上是否把该处理的案件都公正地审理了。所以,"政简刑清"成为对一般清官的概括评价。

以上理念作为中华文明及优秀廉政文化的组成部分,值得我们今天去传承和弘扬。当然要结合现在的司法实践,进行"创造性转化,创新性发展"(习总书记语),进一步赋予其新时代的内涵,这样才能为建设有中国特色的社会主义法制文化做出应有的贡献。研究冯梦龙文化,从文学领域发展到廉政文化领域,再发展到法制文化领域,也是一个进步吧!

(作者系福建省新闻出版广电局教授级研究员,福建省通俗文艺研究会冯梦龙研究委员会主任)

冯梦龙研究的突破与进展
——兼谈福建学者的学术贡献

齐裕焜

冯梦龙(1574—1646)生活在日益没落且最终终于崩溃的明代。在明亡后,他持强烈的反清感情,为恢复明王朝而奔走呼号。因此,他的一些著作在清代成为禁书,散佚民间,流失海外,以至鲁迅在写《中国小说史略》时,对"三言"还只看到《醒世恒言》。他的著作传世的有七八十种,涵盖经史子集,有小说、戏曲、诗文、民歌、笑话、经学、史志;而且很复杂,有的是创作、有的是改编、有的是增补、有的则是评点选辑,还有后人伪托的作品也混在其中。这些为研究和评价冯梦龙增加了困难。因此,从清代到民国初年,他的名字湮没无闻,当然谈不上对他的深入研究了。"五四"以后开始重视俗文学,冯梦龙开始受到重视,但真正的第一次突破是在20世纪30年代。

冯梦龙研究的第一次突破,主要表现在以下几个方面:

(1)由于孙楷第、王古鲁等前辈学者把冯梦龙散佚在海外的作品介绍或拍成胶卷带了回来,于是《情史》有1924年上海会文堂书局排印本,《喻世明言》(《古今小说》)有1947年上海涵芬楼和上海商务印书馆排印本,《警世通言》1935年被生活书店《世界文库》收录,又有中央书店的排印本,《挂枝儿》《山歌》《笑府》等也在1935年出了中央书店排印本。同时北京大学图书馆、大连图书馆等介绍了他们馆藏的冯梦龙著作,这为更多的学者研究冯梦龙提供了必要的图书资料。

(2)在此基础上,容肇祖1932年在《岭南学报》发表了《明冯梦龙的生平及其著述》和《明冯梦龙的生平及其著述续考》两篇重要文章,对冯梦龙做了较系统的研究。他考定了冯梦龙的生卒年、籍贯、主要著作及出版时间,列出有关作品的细目和相关评论,使人们对冯氏有较全面的了解。孙楷第对"三言"作品的本事进行研究。1931年他撰写了《三言二拍源流考》,考出"三言"中有29篇本事出自《情史》《智囊补》等书。之后,赵景深写了3篇文章,分别对"三言"的源流做了考证,考出本事近百篇。

(3)确立冯梦龙在文学史上的地位。冯梦龙作品涉猎范围很广。在文学方面,他曾改编过长篇小说《列国志》《平妖传》;纂辑过文言小说及笔记《情史》《古今谭概》《智囊》和散曲《太霞新奏》;创作改编了传奇剧本十余种,合刊为《墨憨斋定本传奇》;收录、编印了民歌《挂枝儿》《山歌》;当然更重要的是"三言"的编著。还有经学方面的《春秋衡库》《麟经指月》,史志著作《寿宁待志》《甲申纪事》《中兴伟略》等。这样有多方面建树的人物,在文学史上如何将其定位呢?郑振铎在《中国俗文学史》确立了冯梦龙作为通俗文学家的地位。这个观点是很准确、很科学的,因此沿用至今。袁行霈主编的《中国文学史》说冯梦龙是"晚明主情、尚真、适俗文学思潮的代表人物,通俗文学的一代大家"[①]。

20世纪30年代之后,冯梦龙研究进展不大。第二次的突破在粉碎"四人帮"之后的20世纪80年代。首先是思想解放,对市民文化的评价更科学,对"三言"和《挂枝儿》等民歌中的过去所谓的色情描写等"糟粕",联系当时的社会思潮给予正确的评价;其次是一些学术专著及普及读物陆续出版,如胡士莹的《话本小说概论》(1980年由中华书局出版);谭正璧的《三言两拍资料》(1980年由上海古籍出版社出版);缪泳禾的《冯梦龙和三言》(1979年由上海古籍出版社出版)。一些过去从未被发现的冯氏重要作品,如《寿宁待志》《太平广记钞》等,亦陆续出版,冯梦龙的一些政论文章亦被发现。这样,人们对冯梦龙的了解更为全面,有条件对他做出更全面、更科学的评价。

在这次研究高潮中,福建学者做出较大贡献。这与冯梦龙宦

---

① 袁行霈.中国文学史[M].2版:第4卷.北京:高等教育出版社,2005:155.

福建的缘分有关。冯梦龙一生不得志,是个老秀才,到了56岁才入国子监为贡生,接着以岁贡为丹徒(镇江)训导。在60高龄时,到福建省寿宁县担任4年知县,并亲笔撰写了长达5万言的《寿宁待志》。1982年,寿宁县从中国科学院和日本国际图书服务公司,辗转得到上野图书馆保留的《寿宁待志》孤本的胶卷本,由陈煜奎校点,交福建人民出版社于1983年出版,并参加莫斯科国际书展。冯梦龙在寿宁当知县以及《寿宁待志》的发现和出版,引起福建学者对冯梦龙的特别关注。1984年11月9日,中国作协福建分会在福州召开冯梦龙诞生410周年及入闽任寿宁知县350周年纪念会。王凌先生做了题为"冯梦龙研究应该有一个大的突破"的发言,引起与会者共鸣。同年11月15日,在全国文坛有广泛影响的《文学报》发表了王凌先生的这篇文章,引起全国学术界的进一步重视。该文首次提出如下观点:"我们认为,研究冯梦龙要有一个大的突破,就必须在加强基础研究的同时,强调进行总体研究、比较研究和综合研究。"①该文总结了几十年来冯学研究的正反经验,从宏观上鲜明地指出问题的症结。

1985年10月,由中国俗文学学会、福建省文联、福建人民出版社、宁德地委宣传部等单位联合举办的全国首次冯梦龙学术讨论会在宁德地区召开,参加大会的有来自全国各地的50多位专家、学者和日本朋友,收到论文30多篇。经过热烈讨论,达成了共识,《全国首次冯梦龙学术讨论会综述》第一次以明确的语言肯定了冯梦龙在中国文学史上的独特地位,指出"三言"代表了冯梦龙文学活动的最高成就。

此后冯学研究出现了新的高潮。1987年5月在冯梦龙家乡苏州召开第二次全国冯梦龙学术讨论会,1991年10月在苏州召开的中国俗文学学会年会交流和肯定了关于冯学研究的新成果。这些新成果表现在下面几个方面:

首先是作为冯梦龙研究的基础工作——冯梦龙作品的出版,进展迅速。海峡文艺出版社编辑出版《冯梦龙丛书》,已出"三

---

① 王凌.冯梦龙研究应该有一个大的突破[N].文学报,1983-11-15.

言"、《古今谭概》《笑府》《太霞新奏》《寿宁待志》《冯梦龙诗文》等,上海古籍出版社编辑出版了至今最为齐全的《冯梦龙全集》影印本。江苏古籍出版社、湖南岳麓书社、河南中州书社等,也都做了大量卓有成效的工作。

其次是对冯梦龙生平和思想的研究有了新的突破性进展,出现了系列文章和第一份年谱,为"知人论世"提供了可靠的条件。不少作者对冯梦龙的政治思想、哲学思想、文学思想、美学思想、情真说、情欲观、情教观、妇女观、民俗观、智慧观等,进行了分析研究,出现了见解独到的论文。

再次是对冯梦龙编纂的各种作品,如话本小说、历史小说、笔记小说、戏曲、散曲、民歌等,都进行了研究,提出了新见解,出现了一些重要著作,如陆树仑的《冯梦龙研究》(复旦大学出版社1987年出版,因作者突然去世,本书系未定稿)和王凌的《畸人·情种·七品官——冯梦龙探幽》(海峡文艺出版社1992年出版)都是较为系统探讨的学术专著和专集。与此同时,令人鼓舞的一个新现象,是冯梦龙的学术研究不仅指导广大读者正确欣赏和阅读冯氏著作,还及时指导将冯氏作品改编为电视剧的系统工程。福建电视台开始了将"三言""二拍"改编成100集电视剧的宏伟的系统工程。

在这些新成果中,特别要介绍的是福建学者的出色成绩。

王凌先生的论文集《畸人·情种·七品官——冯梦龙探幽》,汇集了他写的十多篇研究冯梦龙的论文。这本书的书名,不仅文字新鲜活泼,而且简明精练地概括了冯梦龙生平、思想和文学上的主要特征,起了画龙点睛的作用。书中有很多有创见、有新意的观点,在学术界产生了较大影响。

第一,针对当时学界刚刚开始注意对冯梦龙进行研究的情况,提出冯梦龙研究应该有一个大的突破,即"必须在加强基础研究的同时,强调进行总体研究、比较研究和综合研究"。作者在方法论上能够如此高屋建瓴,可见眼力胸襟之不凡,在当时的学界产生了很大的影响,推动了冯梦龙研究的发展。

第二,王凌论文集不仅对学术界具有一定的启发和指导意义,同时也确立了作者自己的研究方向。《"三言"为文学史提供了哪些新东西》这篇文章，从知人论世和整体研究的思路出发，把"三言"放在古代小说发展史中做纵向的比较。他指出："分析它们比以前的同类作品提供了哪些新的东西。如果说，'三言'以前的小说名篇，如《水浒传》以塑造农民起义的英雄群像见长，《三国演义》以描写帝王将相的角逐斗争为主，《西游记》展现了正义战胜邪恶的瑰丽幻想，《金瓶梅》暴露了统治阶级的腐朽与堕落；那么'三言'的可贵之处却在于，它第一次把以手工业者、小贩、小商人及其妻女为主的城市平民作为正面人物写入作品。""可以说是一部中世纪晚期我国市民生活的百科全书。"与"三言"有关的是王凌先生的另一篇文章《从〈情史〉到"三言"》。这篇文章，一方面探究了《情史》在素材上对"三言"的重要影响，另一方面也总结了冯梦龙对素材加工改造所采用的四种主要艺术手段，高度评估了冯梦龙对这些素材润色加工的再创造过程。作者认为，迄今为止，人们对冯梦龙的贡献多估计不足，只把冯梦龙看作搜集者、整理者，而不是创作家。其实，冯梦龙改编创作的劳动是巨大的，并不是简单地编排目录和改动标题，而是在思想内容和艺术构思上有不同程度的再创造，有的甚至是根本性的改造，对此应予以充分的肯定。这些观点应该说是实事求是的，对我们正确评价"三言"的文学价值和冯梦龙的文学贡献具有一定的启发意义。

第三，王凌论文集中独具特色的是有关冯梦龙生平思想的研究文章。我们知道，由于历史的原因，有关冯梦龙生平活动的材料极少。王凌在前人研究的基础上，系统地考察了冯梦龙生平各个时期的主要社会活动和思想状况，勾画出一个文学家"全人"的面貌。较全面地研究了冯梦龙的政治态度、心性品格、爱情生活、文学活动和讲学交友等情况，其中不乏新颖的见解。比如在《冯梦龙与侯慧卿》一文中，作者根据自己所掌握的第一手资料，探究了造成冯、侯由倾心相爱到挥泪作别的爱情悲剧的原因，对冯、侯分手的时间，作者以翔实的史料为据，提出了自己新的见解。容肇祖认为冯、侯离散"必在他五十二岁以前，或为他的少壮时的轶事"，而王凌则根据自己新发现的史料，认为冯、侯分离应在三十五岁之前,并根据此后冯梦龙"遂绝青楼之好",转而潜心于文学活动的史实,推断冯梦龙与侯慧卿的分离,"是他一生的重大转折",并清晰地论述了冯梦龙从沉湎情场到潜心于文学创作的思想发展变化的过程,揭示了冯梦龙成为一个杰出的文学家的思想基础、生活基础和文学基础。

王凌的《一个文学家的仕途》这篇文章,也给我们留下了深刻的印象。对于作为文学家的冯梦龙,人们了解较多,而对冯的从政生涯却可能知之甚微。王凌的这篇文章全面地描述了冯梦龙各个时期政治活动的具体情况,使我们对冯梦龙"士君子得志则见诸行事,不得志则托诸空言"的亦文亦政的一生有了进一步的了解。

在冯梦龙生平研究中,冯梦龙的社籍问题,一直是学术界争论最大的一个问题。争论的焦点为冯梦龙是否加入过复社。大多数冯梦龙研究者都认为冯梦龙参加过复社,而王凌的《也考冯梦龙的社籍》一文,则大胆地对此提出异议。作者在文中根据确凿的资料指出,"冯梦龙一生至少参加过两种社"。"青年时期,冯梦龙与好友董斯张等组织过韵社","中年时期,担任过韵社的'社长'"。"他在中年赴湖北麻城讲学时,与梅之焕、陈无异等人组织过一个研读《春秋》的文社",上述二社均不是复社,"因为复社成立于明崇祯五年(1632年,时冯梦龙58岁),而韵社及文社均在庚申年(1620年,时冯梦龙46岁)前成立,比复社早12年。虽然研读《春秋》的八十八人文社中,有钱谦益、文震孟、姚希孟等后来被复社'崇为宗主者'的名士,但显而易见,这并不能成为冯梦龙参加复社的根据"。作者的这一论证是有说服力的,在学术界产生了一定的影响。

第四,王凌先生的论文集中,值得重视的还有《谈谈冯梦龙的〈寿宁待志〉》一文。作者首先肯定,《寿宁待志》具有非同寻常的历史价值。他指出,在我国漫长的封建社会中,几乎每一府、县都有地方官主持编修的地方志。这些志书无疑保存了不少可贵材料,有重要的参考价值,但在思想内容上多半趋于保守,粉饰现实,在形式上也多半陈陈相因,囿于固定形式。而冯梦龙则一反旧法,自己亲自深入下层社会,在调查研究的基础上,本着"只求实、不求名"的态度,亲手撰写了全部县志,真实地"记述了明末社会的各种时弊和下层劳动人民的悲惨遭遇,有许多是一般县志所不敢记或不屑记的材料,表现了冯梦龙的进步思想和犀利目光"。因此,《寿宁待志》"既是了解明末社会的第一手材料,又是研究冯梦龙生平思想的重要资料"。在文章中,作者还从政治、经济、民生、风俗诸方面全面评价了《寿宁待志》的重要价值,并进而探讨了冯梦龙撰志的动机以及由于冯梦龙思想上的矛盾而导致的某些不足和缺憾。这是较早、较全面研究《寿宁待志》的文章。

第五,为了方便广大读者和研究者,王凌先生在论文集的最后还附有《冯梦龙生平简编》。内行人深知,这种年谱简编,看似平常,写成却并非易事,尤其是像冯梦龙这样不为史家所重视的俗文学家,要理出他一生的来龙去脉,谈何容易!而王凌却敢于碰硬,他遍阅了冯氏全部著作,摘录整理了冯梦龙在各种场合提及自己的片言只语,以及冯梦龙的友人有关冯梦龙的言述,加以考证,编排;同时,联系当时的时代背景进行研究考辨,吸收学术界有关冯梦龙生平研究的成果,写成了这个生平简编,基本上理清了冯梦龙一生几个重要时期的社会活动以及思想发展变化的脉络,其中很多材料鲜为人知。可以说,这个生平简编,是王凌先生在冯梦龙研究中完成的一项很有价值的基础工作,对广大读者和研究者大有裨益。

福建学者中还有一位在冯梦龙研究中做出了成绩。1985年10月在宁德召开全国首次冯梦龙学术讨论会,时任宁德师专中文系主任的游友基教授(后调到福建师大)积极参与了会议的筹备工作,而且也对冯梦龙做了认真的研究。后来他出版了《冯梦龙论》一书。书的上编是冯梦龙思想研究,下编是冯梦龙著作研究,特别是对冯梦龙的文学观做了全面分析。他认为冯氏深受李贽文学思想的影响,"十分重视小说的社会地位和教育作用"。把小说提高到与经史、诗文同样重要的地位,认为可以用来"喻世""警世""醒世"。为了达到这一目的,"他企图用新兴的市民思想去反对封建专制统治、反对封建礼教","用传统的民主精神去批判现实","用爱国主义去教育读者"。但他的市民思想掺杂着封建因素,批判现实,却把希望寄托在清官身上,爱国却反对农民起义,因而他的文学观陷入深刻的矛盾之中。冯梦龙对文学的审美特性的认识,主要强调真,"他把'真'作为衡量作品思想、艺术成就的重要标准","一方面,文学要写客观生活之'真',另一方面,又要表现作者主观的'情真'"。

我没有专门研究冯梦龙,但在《中国古代小说演变史》(1990年出版)、《明代小说史》(1997年出版)这两部影响较大的小说史著作中用很大的篇幅介绍了冯梦龙和"三言",这对扩大冯梦龙的影响有一定的推动作用。福建人民出版社组织编写了一套总结20世纪学术研究的学术史丛书近30本,其中古代小说研究——《中国古代小说研究》(2005年出版)是我和王子宽合写的,在书中我介绍了20世纪冯梦龙研究的成就,重点介绍了王凌的《畸人·情种·七品官——冯梦龙探幽》。

从20世纪90年代以后,虽然发表了不少关于冯梦龙研究的文章,但是尚没有大的突破性进展,而两方面的进展值得我们重视。

第一,从廉政文化角度研究冯梦龙。冯梦龙是贫穷偏远的小县的县官,很难把他作为政治家来研究,过去他的政绩也很少引起人们的关注。近来党中央推动群众路线教育,习近平总书记提出,需要积极借鉴世界各国反腐倡廉的有益做法,也需要积极借鉴我国历史上反腐倡廉的宝贵遗产。研究我国反腐倡廉历史,了解我国古代廉政文化,考察我国历史上反腐倡廉的成败得失,可以给人以深刻启迪,有利于我们运用历史智慧推进反腐倡廉建设。①所以,从廉政文化角度研究冯梦龙是很有现实意义的。王凌先生《末世廉吏冯梦龙》就有开拓、启迪的作用。

第二,对冯梦龙的文学活动进行全面考察,加强了前人研究中不够重视的对于章回小说、文言小说、传奇、民歌、笑话的研究。在这方面,一些中青年学者做了较多工作,如中央民族大学傅承洲教授的《冯梦龙研究》,就比较全面地研究了冯梦龙的文学活动,提

---

① 引自新华社2013年4月20日电。

出了一些新的看法,他认为《忠义水浒全传》中"征田虎王庆"二十回,是在简本《水浒传》基础上改写的,但是何人改写的,学界没有深入研究,傅承洲认为是冯梦龙改写的,还对全书做了修订;过去学界都认为冯梦龙《新列国志》是增补改订《列国志传》而成,而傅承洲认为冯梦龙是重新创作了《新列国志》,拥有全部的著作权;等等。

我们相信,随着冯梦龙研究的不断深入和高潮的到来,将会涌现更多高质量的研究成果。

(作者系福建师大中文系博士生导师、福建师大中文系原主任、福建省通俗文艺研究会顾问)

经典今读

"从俗谈"与冯梦龙的俗文学审美观

胡单芳

一、冯梦龙及其作品的"俗"标签

冯梦龙是一位高产作家,据研究者统计,"冯梦龙的全部作品字数达3000万字以上,目前传世的作品近2000万字,可分为6大类75部"①。他的作品涉及诗文、小说、戏剧、时调、俗曲、民歌、笑话、笔记、杂著、经史等诸多领域,大部分都属于通俗文学或民间文学,仅有一小部分是经史子集类的纯文学,其中俗文学成就最高,影响也最大,所以提及冯梦龙和他所编辑的作品,总离不开"俗"字——俗文学泰斗、通俗文学家、通俗小说、俗曲、适俗说……"俗"成为冯梦龙及其作品的一个重要标签。

1. 冯梦龙的俗文学成就

冯梦龙一生都在致力于收集、整理、改编、创作、点评、编辑、刊行各种通俗文学、民间文学作品,对民间文学、通俗文学的贡献极大,后世众多的冯梦龙研究者在"2012新巷冯梦龙与民间价值建构学术研讨会"上推崇他为"杰出的俗文学泰斗、古代白话小说的先驱、中国古代通俗文学事业的第一功臣"②。使得冯梦龙受此盛誉功劳最大的当属他所编辑的话本小说集和俗曲,主要是指"三言"(《喻世明言》《警世通言》《醒世恒言》的合称)、《童痴一弄·挂枝儿》和《童痴二弄·山歌》,它们大多是冯梦龙从民间广泛收集整理后编创而成的,只有一小部分是他的个人新作。不管是旧

---

① 邹明华.新巷冯梦龙与民间价值建构[M].北京:学苑出版社,2013:9.
② 侯楷炜.冯梦龙传说故事集[M].苏州:古吴轩出版社,2012:序二.

作还是新创，冯梦龙都曾对它们进行过改动，或增删，或润饰。

"三言"是在宋、元、明三代近五百年的话本和拟话本的基础上完成的，共有120篇，在明代天启年间被编写刊刻，其中《白娘子永镇雷峰塔》《唐伯虎一笑姻缘》《杜十娘怒沉百宝箱》《卖油郎独占花魁》等篇目，至今在大众中仍具有很大的影响力，被改编成各种戏剧、电视剧、电影，深受大众好评。"三言"是冯梦龙将民间说话和文言小说融合提炼后而成的，是一次成功地将民间艺人的口头艺术转化为文人作家案头作品的尝试，在中国白话短篇小说的发展历程中具有重大的意义。"三言"也是中国文学史上第一部规模宏大的白话短篇小说总集，既保存了许多宋元短篇小说，又推动了小说的进一步创作和发展。

热心收集、整理民歌、时尚小曲等俗曲是冯梦龙的突出贡献之一，主要体现在他所编辑的《童痴一弄·挂枝儿》《童痴二弄·山歌》和《夹竹桃顶真千家诗》中。冯梦龙广泛地从民间、市镇收集俗曲，编著成《童痴一弄·挂枝儿》，共10卷，近160首，按情分卷，分别为私、欢、想、别、隙、怨、感、咏、谑、杂情10部，被后人视为明代民间时调小曲的集大成者；另一本《童痴二弄·山歌》，主要是吴地的山歌，共10卷383首，是一本保存吴地山歌数量最多的俗曲专集；《夹竹桃顶真千家诗》是冯梦龙自己依据明代俗曲的格律、特点拟撰的，倾注了一番心血。冯梦龙以刊刻的《童痴一弄·挂枝儿》《童痴二弄·山歌》和《夹竹桃顶真千家诗》等书，开启了私人采辑、出版民歌俗曲风气之先河，推动了我国民间通俗文学编辑工作的发展。冯梦龙在收集、整理俗曲的过程中，最大限度地保存了俗曲的原作面貌，有利于对明代社会的研究，同时，他所编辑的这些俗曲，除本身具有较高的文学艺术价值外，在语言学、民俗学、文字学、社会学等方面也具有较高的研究价值，在民间文学史上具有重大的意义和作用。

2. 冯梦龙对俗文学的推崇

冯梦龙在俗文学中的创作和成就离不开他自身对俗文学的重视和喜爱。他有意识地推崇通俗小说，认为当时流行于民间的《三国志》《水浒传》《西游记》《金瓶梅》是宇内四大奇书，并用巨观来形容,极力称赞。

冯梦龙还将通俗小说和《孝经》《论语》等经史书籍对比,突出通俗小说的优越性。冯梦龙在《古今小说》的序中言:"虽小诵《孝经》《论语》,其感人未必如是之捷且深也。"①认为通俗小说和《孝经》《论语》相比,能更快速、更深入地触动普通百姓的心灵,让他们认可并接受,发出"不通俗而能之乎"②的感叹。此外,在《警世通言》叙中,冯梦龙就指出,"而通俗演义一种,遂足以佐经书史传之穷"③,将通俗小说的地位从休闲娱乐之用,提升到补充经书史传的高度,肯定了通俗小说在文学和史学上的价值。而他所编写的"三言",属于通俗文学的一种,《醒世恒言》中"以明言、通言、恒言为六经国史之辅"④一句,道出了冯梦龙的心声,由此可见冯梦龙对通俗小说的重视。

关于俗文学的俗曲,冯梦龙也有自己独到的见解。与李开先、康海等相比,虽然他们同样重视俗曲,并且花费精力辑集俗曲,但冯梦龙对俗曲的喜爱更胜一筹。李开先在《市井艳词》的序和后序里,认为俗曲淫艳,不堪入耳,会损坏人心,他更看重的是俗曲的娱笑和考见俗尚的功用。与之相反,冯梦龙却极力推崇俗曲山歌,"为民歌正本溯源,真正将民歌作为一种与诗文等正统文学并列的文学样式,首次赋予了它'文体'的地位"⑤,认为山歌是民间性情之响,是民间真情的载体,不可让其废弃,湮没在时间里,应该妥善地记录保存。他在《童痴二弄·山歌》序里分析,山歌在最初和文人诗同宗,如今不受重视,主要是由于民歌的作者是田夫野竖,没有荐绅学士的文化地位高,话语权也小。"山歌虽俚甚矣,独非郑卫之遗与?且今虽季世,而但有假诗文,无假山歌;则以山歌不与诗文争名,故不屑假。尚其不屑假,而吾藉以存真,不亦可乎?"⑥冯梦龙认为山歌与《诗经》里的郑风、卫风一脉相承,将山歌同诗

---

① 高洪钧.冯梦龙集笺注[M].天津:天津古籍出版社,2006:80.
② 高洪钧.冯梦龙集笺注[M].天津:天津古籍出版社,2006:80.
③ 冯梦龙.警世通言[M].上海:上海古籍出版社,2012:叙.
④ 冯梦龙.醒世恒言[M].上海:上海古籍出版社,2012:叙.
⑤ 徐文翔.冯梦龙《叙山歌》解读[J].名作欣赏,2013(22):70.
⑥ 高洪钧.冯梦龙集笺注[M].天津:天津古籍出版社,2006:147.

文并列,比较二者的真假,旗帜鲜明地抑诗文而扬山歌,凸显山歌的可贵之处。

他这些振聋发聩的见解,迥异于当时文坛上正统文士轻视俗曲的主流意识,因而当《童痴一弄·挂枝儿》最初刊行后,他饱受攻讦,遭遇不小的社会压力。但他仍坚持不懈、乐此不疲地辑集俗曲,还躬身新创,拟作俗曲,遂成《夹竹桃顶真千家诗》。冯梦龙对俗文学的热爱如此之深,他的学术勇气不可小觑。

二、"从俗谈"的审美原则

冯梦龙对俗文学的推崇以及他在俗文学上的卓越成就,使得他以"俗"闻名于文坛,他的身上已经深深打下了"俗"的烙印。纵观冯梦龙的一生,细品冯梦龙的俗文学巨作,可以看到,从始至终他都坚持着同一个审美准则——"从俗谈"。

冯梦龙提出"从俗谈"这一原则,具体是在他对《童痴二弄·山歌》的评注中:"凡'生'字,'声'字,'争'字,俱从俗谈,叶入江阳韵。此类甚多,不能备载,吴人歌吴,譬诸打瓦抛钱,一方之戏,正不必如钦降文规,须行天下也。"这一评注,是对《童痴二弄·山歌》第一卷第一首山歌《笑》的注解,但它并不只是针对《笑》这一篇山歌的,而是统摄整部俗曲集,是冯梦龙编辑民歌时处理音韵的一个总原则。而徐文翔认为冯梦龙在《童痴二弄·山歌》中提出的"从俗谈"虽然是"针对几个字的音韵而说,却具有多层含义,实为冯梦龙民歌编纂的一个总的原则"①,指出冯梦龙在民歌编辑中,"从俗谈"主要是从地方民歌的音韵性、地方风俗、人的性欲以及民歌的传播四个方面着眼,具有极大的现实意义。

其实,冯梦龙不单是从民歌的这四个方面遵循"从俗谈",在小说、戏曲、笑话、笔记等其他俗文学作品中亦是如此。从文体的选择到文本的表现方式,从作品的来源到作品的传播,从内容到形式,从语言到风俗,从作品中描写的情到作品中表达的理,小到一个字词的留存、更改,大到整本书的思想内涵,无一不秉持着"从俗

---

① 徐文翔.冯梦龙的民歌编纂[J].民俗研究,2013(5):120.

谈"这一原则。他所坚持的"从俗谈"是全方位的、多层次的。下面简单地从作品来源、作品内容和作品传播三个角度具体论述。

1. 作品来源

从作品的来源看,冯梦龙的俗文学著作大部分来自民间的俗世百姓。《童痴一弄·挂枝儿》《童痴二弄·山歌》这两部俗曲集在形成之初,就是自俗世而来、从广大民间征集的,仅有少部分是文人拟作。这两部民歌集中,大部分山歌的作者都是民间的芸芸大众,由前人记录后,经过冯梦龙收集、整理,收入民歌集中;更有部分作品是冯梦龙现场直接采录于歌伎、馆娃的口头演唱。如《挂枝儿·送别》摘录自名伎冯喜生,《挂枝儿·帐》则摘录自琵琶妇阿圆,而《童痴二弄·山歌》中的《乡下人》,采风自一乡人,《笃痒》采自松江名姝傅四,等等。

他所编辑的笑话也多来自民间。《古今谭概》中的故事除来源于史书、小说外,还有一部分来自民间讲述,这部分笑话是当时在民间流传的故事,多为与冯梦龙同时代人的逸闻趣事,最后被冯梦龙听录下来。在附录中,冯梦龙特意注明了故事来源,如《贪痴》《射策误》等,《妒痴》在文中明确记载来源于陈梧亭讲述。《笑府》是一部民间笑话集,一是来源于前人的旧话,这些旧话也是前人自民间收集而来;二是来源于当时民间人的讲述,由冯梦龙听后记录下来,仅有少部分是冯梦龙自己创作而成的。此外,如"三言"、《情史》《太霞新奏》《墨憨斋散曲》《墨憨斋定本传奇十种》等著作,同民间也有颇深的渊源,不再一一赘述。

2. 作品内容

首先,从冯梦龙俗文学作品的内容看,"从俗谈"是其一个重要的特点。首先是表现在作品中记录的民俗,冯梦龙的白话小说"三言"记录和保存了大量的吴地民俗事项,《童痴二弄·山歌》《童痴一弄·挂枝儿》《夹竹桃顶真千家诗》也与吴地民俗关系极为密切,单以明人冯梦龙所编辑的民歌集和"三言"来看,就能够窥见当代吴地的民俗习气。

其次,文本中多表现情欲。在"三言"、《童痴二弄·山歌》《童痴一弄·挂枝儿》《情史》中描写了大量的男女之间的情爱,更有不少性欲描写。如民间笑话集《笑府》，冯梦龙在里面收录了很多荤笑话，从部分篇目的名称——《龙阳新婚》《和尚宿娼》《开荤》《评阳物》《巨卵》《小卵》《屎笃》等便可以窥见，整篇的主要内容和男欢女爱之事有莫大关联。

此外，作品内容通俗易懂。如"三言"就是写俗人俗事以供俗众作茶余饭后的谈资的，"三言"中有很多作品是没有任何教育基础和知识背景的普通民众耳熟能详的轶事和典故，将日常生活中形形色色的普通百姓（商人、工匠、私娼、名妓、媒婆、算命的、和尚、尼姑、男仆、女佣、小偷、骗子等）纳入故事，叙写他们的喜怒哀乐、好恶、生死观以及对神鬼的态度，绘出了一幅生动的明代繁华世界全景图。

3. 作品传播

冯梦龙认为，要使作品普遍而长久地流传在俗世大众，就必须坚持"从俗谈"，着眼于广大俗人的审美趣味。

一是出于作者自身对作品的追求。一般文人，对自己的作品的最高要求是能够流芳百世，重视作品传播时间的恒久；而民间编辑家，则要求作品能够迅速地被俗众接受，占据广大的市场，重视传播的范围和速度。身兼文人和俗文学编辑家的双重身份，使得冯梦龙对自己的作品要求更高，希望能够在二者上取得双赢，所以就更加重视作品的通俗性。正如他在《古今小说》序言中所写，"然一览辄置，卒多浮沉内庭，其传布民间者，什不一二耳……大抵唐人选言，入于文心；宋人通俗，谐于里耳。天下之文心少而里耳多，则小说之资于选言者少，而资于通俗者多……不通俗而能之乎"①，将在里耳的传播情况视为衡量作品价值的重要标准，重视小说的通俗性。而"则兹刻者，虽与《康衢》《击壤》之歌并传不朽可矣"②更是道出了冯梦龙内心深处的愿望，希望"三言"能够和《康衢》《击壤》一样永久地流传下去，直至成为不朽之作。由此可见冯梦龙对自己所编辑的作品的流传对象、范围、时间的重视

---

① 高洪钧.冯梦龙集笺注[M].天津：天津古籍出版社，2006：80.
② 冯梦龙.醒世恒言[M].上海：上海古籍出版社，2012：叙.

程度。

二是商业市场的销售需求。冯梦龙不同于其他文人编辑家，他从事编辑活动不是业余的、个人化的，而是带有一定的商业意图。他迫于谋生的需要，和书商合作，成为一名职业的编辑家，在编辑作品之初，就必须考虑作品的商业利益，考虑作品在市场上的销售前景，要具有一定的市场意识，就必须坚持"从俗谈"，注重作品的实用性，为当时包括文人学子在内的俗世大众服务。在他的编辑生涯中，市场意识一直贯穿始终。鹿忆鹿在《冯梦龙所辑民歌研究》中提及，冯梦龙所编辑的俗曲《童痴一弄·挂枝儿》和游戏文章《叶子新谱》，颇受世人推崇和喜爱，一时洛阳纸贵，在当时产生了极大的影响，甚至导致一些纨绔子弟倾家荡产，可见冯梦龙俗文学作品的畅销。它既证明了冯梦龙"从俗谈"谋略的成功，也为书商（不管是明代当时的书商还是现代的出版商）带来了巨大的财富价值。

三、"从俗谈"的审美内涵

冯梦龙的"从俗谈"始终有几个可以掌握的关键点：一是与世俗沟通，二是浅显易懂，三是作娱乐消遣之用。但需要特别注意的是，冯梦龙的"从俗谈"是有技巧和策略的，在《古今小说》序中，他评价《甄江楼》《双鱼坠记》等通俗小说"皆鄙俚浅薄，齿牙弗馨焉"[①]，说明他所认同的"从俗谈"应该是立足于俗世百姓，不鄙视俚俗、不浅薄、有知识、有深度，寓教化于休闲娱乐之中，阅读后能使人齿牙留香的。

1. 以俗人为中心

冯梦龙的"从俗谈"有一个中心，即它与世俗沟通的对象——俗人。他们不仅是"从俗谈"的起点，也是"从俗谈"的终点，贯穿其始终。在冯梦龙所编辑的文学作品中，"从俗谈"，即从俗人谈起，作品的文体、来源、内容、结构、语言、故事情节、音律节奏、人物情感、创作目的、消费群体等，都紧紧围绕着"俗人"这一中心。

---

① 高洪钧.冯梦龙集笺注[M].天津:天津古籍出版社,2006:80.

从某种意义上讲,生在俗世凡尘中,每个人都是俗人。艺术家也只在特殊的时候才能称为艺术家,其余大部分场合是俗人,做的也是普普通通不足为外人道的事情。冯梦龙在俗文学作品中,描写了各色各样的俗人,他们都是日常生活中形形色色的普通百姓。如俗人的一类形象——女性,在冯梦龙"三言"里就极其丰富,他塑造了一群涉及各种身份、阶层的多姿多彩的社会女性形象:有诗书俱佳的官宦女子苏小妹(出自《醒世恒言·苏小妹三难新郎》),有市井叫卖的商家女子黄善聪(出自《喻世明言·李秀清义结黄贞女》),有至情至慧的青楼女子杜十娘(出自《警世通言·杜十娘怒沉百宝箱》)……

冯梦龙在文学作品中所塑造的这些俗人,有受过教育的,也有不识字的;有好人,也有坏人;有有情者,也有无情者;有勇者,也有怯者;有淫者,也有贞者;有敦厚之人,也有奸猾之徒;有庸俗之人,也有高雅之人……但是,对这些俗人,冯梦龙是有一定的倾向性的,在他的作品中,他很自然地赞扬那些好人、有情者、勇者、贞者、敦厚之人,讽刺那些庸俗、贪婪、无情、淫逸、奸猾、胆怯、邪恶之人。

2. 平等地与俗人沟通

不鄙视俚俗是冯梦龙与世俗沟通的态度,这种沟通既不是高高在上的俯视或蔑视世俗,也不是曲意迎合的媚俗;距离世俗大众既不是特别远,又不是非常近。它是和世俗大众站在同一个平台上,平等地、友好地与其沟通,而不是高高在上地俯视众生。一方面,为双方友好相处去"适俗";另一方面,出于为对方好的考虑,指出对方的缺点,欲"导愚"。所有的沟通都有一个大前提——态度是端正的,姿态是平等的。

无论是从他的生平事迹还是从他的著作,我们都可以很明显地看到他对民间、世俗的立场。出生于诗学世家的他,不单经常和文友吟诗作赋,臧否人物,畅论古今,还一度流连在青楼酒馆,深入接触世俗上下层人们的生活。既与满腹经纶的董斯张、熊廷弼等为友,还同倾恋妓女侯慧卿相约白首,同时认识了青楼深渊中的其他女性,从她们口中采集青楼韵语,拟编成《童痴一弄·挂枝儿》,他尊重妓女的人格,爱惜她们的才华,所以能写出《杜十娘怒沉百宝箱》《卖油郎独占花魁》这样具有高度艺术价值的不朽作品。他还在《挂枝儿·乡下人》中赞扬普通劳动群众"乡下人"即兴创作的本领。

3. 以俗言道俗情

浅显易懂是通俗作品的基本要求。冯梦龙所要求的浅显易懂不单指语言和体式，也包括思想与题旨，就是从文本的语言、表达方式到作品中包含的思想和作品的主旨，都应该是明白晓畅的，仅从最初表面文字阅读，就能轻易地让俗众通晓文章。浅显易懂，简单地说，就是以俗言道俗情，采用俗众能够明白的语言反映他们所感兴趣的事，忌浅薄。

"三言"是以俗言道俗情的最佳典型。他采用了通俗易懂的语言以及传统讲述的形式，文章内涵深刻而不浅薄。在文章中，内容不做作，不故意使用冷僻字，尽可能少地使用典故，加入方言，穿插谚语、口彩、俗语等，力求让读者看懂，同时又保留浓郁的地方特色，贴近读者的日常生活，让作品的阅读者在翻阅时，有身临其境之感。

4. "劝俗"和寓教于乐

最后，齿牙留香同消遣娱乐是共生的，即要求寓教于乐。冯梦龙的作品是面向文化市场的消费性文学，为了让作品占据尽可能大的市场，他必须重视作品的趣味性，为消费者在闲暇时间提供一时的娱乐；他也必须重视作品的可读性、知识性，使读者能够在娱乐之外，获得一定的知识，增长自身见识，引导读者树立正确的人生观、价值观，最终达到寓教化于休闲娱乐之中的目的。

冯梦龙在《王阳明出生靖难录》《甲申纪事》《中兴实录》《中兴伟略》中记录了当时的历史事件，在明代具有很强的新闻时效性；他的那些解说经书的辅导教材，如《春秋衡库》《麟经指月》《春秋别本大全》《四书指月》《春秋定旨参新》，受到当时准备参加科举的士子们的青睐；供市井细民阅读的拟话本、长篇说部、小说类书，以及剧本民歌、笑话等，如"三言"、《童痴二弄·山歌》《笑府》《古今谭概》，有更庞大的读者群体。

冯梦龙的笑话集，是表达冯梦龙寓教于乐主张的范本。有学者将他的笑话讽世观总结为"通过对儒、官、僧、道等特定人群和愚昧、无知、傲慢、贪婪等人性弱点、世界丑恶现象的揭示和嘲弄,以达到讽喻世事、讽警世态、讽醒世人的目的"①。讽刺是冯梦龙笑话的重要功能,但是冯梦龙的笑话主要还是为了娱乐,而且在讽刺的同时也有娱乐的功效,如在嘲讽丑恶、庸俗的社会病症时,可以排遣心中的忧愤,愉悦精神世界。

适俗而不媚俗,通俗而又劝俗,以俗人为中心,用浅显易懂的方式,讲述俗人的俗事,谈论俗人的俗情,说明俗人在俗世生存的俗理,平等地和他们沟通,努力让作品的阅读者(俗人)在娱乐消遣的同时,获得精神上的愉悦,这就是冯梦龙在其俗文学类的作品中所一直坚持的"从俗谈"原则。

(作者系苏州大学文学院2013级文艺学专业研究生)

---

① 邹明华.新巷冯梦龙与民间价值建构[M].北京:学苑出版社,2013:34.

冯梦龙小说中的吴地商业

蔡 慧

吴地自古便为繁华富庶之地,商业资本集中,富商巨贾在此云集,堪称东南都会。明莫旦作《苏州赋》,极写苏州之繁华气象:

> 苏州拱京师以直隶,据江浙之上游,擅田土之膏腴,饶户口之富稠,文物萃东南之佳丽,诗书衍邹鲁之源流,实江南之大郡,信天下之无夃……至于治雄三寝,连城万雉,列巷通衢,华区锦肆,坊市棋列,桥梁枡比。梵官莲宇,高门甲第;货财所居,珍异所聚;歌台舞榭,春船夜市;远土钜商,它方流妓;千金一笑,万钱一箸。所谓海内繁华,江南佳丽者。

苏州不仅繁华富庶,更有着源远流长的商业传统和商业文化。被后世尊为"商圣"的范蠡即杰出代表,他在辅助越王勾践完成灭吴霸业之后,"乃乘扁舟浮于江湖,变名易姓,适齐为鸱夷子皮,之陶为朱公。朱公以为陶天下之中,诸侯四通,货物所交易也。乃治产积居。与时逐而不责于人。故善治生者,能择人而任时。十九年之中三致千金,再分散与贫交疏昆弟。此所谓富好行其德者也。后年衰老而听子孙,子孙修业而息之,遂至巨万。故言富者皆称陶朱公"①。司马迁称赞他"与时逐而不责于人","忠以为国,智以保身,商以致富,成名天下"②,堪称楷模。

而到了元明之际,苏州涌现了一批富甲天下的商人,如元末的

---

① 司马迁.史记[M].北京:中华书局,1959:3257.
② 司马迁.史记[M].北京:中华书局,1959:3281.

昆山大家顾阿瑛,杨循吉在《苏谈》中记载:"其亭馆盖有三十六处,每处各有春贴一对,阿瑛手题也。记必名公,诗必才士,虽篆隶二三字亦必选当代名笔。当时如杨廉夫、郑明德、张伯雨、倪元镇,皆其往还客也。尤密者为秦约、于立、释良琦……阿瑛好事而能文,其所作虽不在诸客上,而词语流丽,亦能动人。故在当时得以周旋骚坛之上,则亦非独以财故也。"①顾阿瑛不仅豪侈,且好文。而当时最为著名的则是陆道原、沈万三:

> 元时富人陆道原(一名德原),货甲吴下,为甫里书院山长,一时名流咸与之游处。②

> 自沈万三秀好广辟田宅,富累金玉,沿至于今,竞以求富为务。书生惟藉进士为殖生阶梯,鲜与国家效忠。③

黄省曾据此发出感慨:"至今吴地缙绅大夫多以货殖为急,若京师官店,六郭开行债典,兴贩盐酤,其术倍克于齐民。"④顾阿瑛、陆道原、沈万三这些巨富不仅资产甚多,且与当时的名流交往甚密,闻名全国。他们因为有这样的资本和交际圈,所以生活奢侈,喜好买田修宅,从而引起吴地居民对于经商求富的渴望,即使是读书人也难以免俗。

而苏州经济在明代繁荣,重要原因在于其地赋税之重,自明初施行的重赋政策使得农民不堪重负,纷纷逃离土地,放弃本业而从事末业,反而客观上促进了苏州工商业的发展。《明史》记载:

> 初,太祖定天下官、民田赋,凡官田亩税五升三合五勺,民

---

① 杨循吉.苏谈[M]//笔记小说大观(六编):第5册.台北:台湾新兴书局,1983:2881.
② 杨循吉.苏谈[M]//笔记小说大观(六编):第5册.台北:台湾新兴书局,1983:2886.
③ 黄省曾.吴风录[M]//笔记小说大观(六编):第5册.台北:台湾新兴书局,1983:2878.
④ 黄省曾.吴风录[M]//笔记小说大观(六编):第5册.台北:台湾新兴书局,1983:2879.

田减二升，重租田八升五合五勺，没官田一斗二升。惟苏、松、嘉、湖，怒其为张士诚守，乃籍诸豪族及富民田以为官田，按私租簿为税额。而司农卿杨宪又以浙西地膏腴，增其赋，亩加二倍。故浙西官、民田视他方倍蓰，亩税有二三石者。大抵苏最重，松、嘉、湖次之，常、杭又次之。①

可见早在洪武时期，苏州一地的赋税就已相当沉重，时称"苏松财赋半天下"。除建文帝下令减免苏州赋税之外，其他明朝统治者则基本贯彻太祖时的重税政策。

顾炎武也在《天下郡国利病书》中的苏州部分单独讨论了"财赋"的问题：

韩愈谓赋出天下而江南居十九，以今观之，浙东西又居江南十九，而苏、松、常、嘉、湖五郡又居两浙十九也。考洪武中天下夏税秋粮以石计者总二千九百四十三万余，而浙江布政司二百七十五万二千余，苏州府二百八十万九千余，松江府一百二十万九千余，常州府五十五万二千余。是此一藩三府之地，其民租比天下为重，其粮额比天下为多……苏州一府七县，其垦田九万六千五百六顷，而居天下八百四十九万六千余顷田数之中；而出二百八十万九千石税粮，于天下二千九百四十余万石岁额之内。其科征之重，民力之竭，可知也已。②

这样的政策造成的后果，在程敏政的《皇明文衡》中有所论及，那便是：

天下之农民固劳矣，而苏松之民比于天下，其劳又加倍焉；天下之农民固贫矣，而苏松之农民比天下，其贫又加甚焉。天下之民常怀土而重迁，苏、松之民则常轻其乡而乐于转徙。

---

① 张廷玉，等.明史[M].北京：中华书局，1974：1896.
② 顾炎武.天下郡国利病书[M].上海：上海科学技术文献出版社，2002：295-296.

> 天下之民出其乡则无所容其身,苏、松之民出其乡则足以售其巧。

沉重的赋税使得原本安土重迁的苏州农民不得不离开农村,种田无法维持他们的生计,于是他们成为手工业者,接受他人的雇佣。另一部分农民离开土地之后则去从事商贾或手工业。何良俊谓"正德以前,百姓十一在官、十九在田,盖因四民各有定业,百姓安于农亩,无有他志,官府亦驱之就农,不加烦扰,故家家丰足,人乐于为农"。但是后来,随着"赋税日增,徭役日重,民命不堪,遂皆迁业","今去农而改业为工商者,三倍于前矣……大抵以十分百姓言之,已六七分去农"①。顾炎武也在《天下郡国利病书》中引耿橘《平洋策》曰:"吴地风俗,农事之获利倍而劳最,愚懦之民为之;工之获利二而劳多,雕巧之民为之;商贾之获利三而劳轻,心计之民为之;贩盐之获利五而无劳,豪猾之民为之。"②

虽然赋税繁重,但吴地发达的工商业还是使得这块土地迅速发展繁荣起来,成为全国的经济重心之一、"最是红尘中一二等富贵风流之地"。曾宦游天下的张瀚在笔记著作《松窗梦语》中特设"商贾纪"一节,记述他所见闻的商贾百态。"自金陵而下控故吴之墟,东引松常,中为姑苏,其民利鱼稻之饶,极人工之巧。服饰器具,足以炫人心目,而志于富侈者争趋效之。"③而他"总览市利",发现"大都东南之利莫大于罗、绮、绢、纻,而三吴为最。即余先世亦以机杼起,而今三吴之以机杼致富者尤众"④。在这里出生成长的冯梦龙在其短篇小说集"三言"中也花费了大量笔墨来塑造商人形象,讲述商人的故事,正面或侧面反映了当时吴地的商业概貌。

一、冯梦龙小说中的商人与商业概况

明代,特别是明中叶以后,是中国封建社会工商业迅速发展的

---

① 何良俊.四友斋丛说新抄[M]:第3卷.北京:商务印书馆,1937:171-172.
② 顾炎武.天下郡国利病书[M].上海:上海科学技术文献出版社,2002:306.
③ 张瀚.松窗梦语[M]:第5卷.萧国亮,点校.上海:上海古籍出版社,1986:74.
④ 张瀚.松窗梦语[M]:第5卷.萧国亮,点校.上海:上海古籍出版社,1986:76.

时期,商业和商人得到了空前的重视。

王守仁在为苏州府昆山商人方麟作的墓表中说:

> 苏之昆山有节庵方翁麟者,始为士业举子,已而弃去,从其妻朱氏居。朱故业商,其友曰:"子乃去士而从商乎?"翁笑曰:"子乌知士之不为商,而商之不为士乎?"

他宣称士可为商,商也可为士。还发表了"四民异业而同道"的议论:

> 古者四民异业而同道,其尽心焉,一也。士以修治,农以具养,工以利器,商以通货,各就其资之所近、力之所及者而业焉,以求尽其心,其归要在于有益于生人之道,则一而已。士农以其尽心于修治具养者,而利器通货,犹其士与农也;工商以其尽心于利器通货者,而修治具养,犹其工与商也。故曰:四民异业而同道。

王守仁还上溯至尧舜时代,论证商业并不低贱,以及轻商思想的由来:

> 盖昔舜叙九官,首稷而次契。垂工益、虞,先于夔、龙。商、周之代,伊尹耕于莘野,傅说板筑于岩,胶鬲举于鱼盐,吕望钓于磻渭,百里奚处于市,孔子为乘田委吏,其诸仪封晨门荷蒉研轮之徒,皆古之仁圣英贤,高洁不群之士……自王道熄而学术乖,人失其心,交鹜于利以相驱轶,于是始有歆士而卑农,荣宦游而耻工贾。①

"四民异业而同道"这句出自大儒名臣的评语既代表了当时社会对商人的认识,也影响了后来人的看法。冯梦龙也发表了类似

---

① 王守仁.王阳明全集.上海:上海古籍出版社,1992:940-941.

的观点,在《醒世恒言》中,老尚书"只教长子读书,以下四子,农、工、商、贾,各执一艺","那四子心下不悦",老尚书说道:"世人尽道读书好,只恐读书读不了。读书个个望公卿,几人能向金阶跑……农工商贾虽然贱,各务营生不辞倦。从来劳苦皆习成,习成劳苦筋力健……一脉书香付长房,诸儿恰好四民良。暖衣饱食非容易,常把勤劳答上苍。"冯梦龙对此评论道:"多有富贵子弟,担了个读书的虚名,不去务本营生,戴顶角巾,穿领长衣,自以为上等之人,习成一身轻薄,稼穑艰难,全然不知。到知识渐开,恋酒迷花,无所不至。甚者破家荡产,有上稍时没下稍。"①在他看来,只要辛勤劳动,农、工、商、贾不比读书做官低贱。

"三言"共有短篇白话小说120篇,其中明确指出故事发生在明代的有30篇:《喻世明言》6篇,《警世通言》11篇,《醒世恒言》13篇。愈是后出,里面所反映的当代社会题材的作品也就越多。而在这些篇目中,共有43个商人与手工业者形象,散见于16篇小说中。也就是说,在描写明代社会的30篇小说中,有超过一半的小说是以商人或手工业者为主要人物或重要人物的。加上描写宋元时期社会的小说,"三言"所塑造的商人形象多达70余人,以商人为主人公、以商人经商求利活动为主要表现内容的商贾小说约占3/10②,这个比例足以说明冯梦龙本人对商业和商人的重视。

从类别看,"三言"里的商人有的是从事长途贩运贸易的行商,如惯走江北一带的黄公、走太仓嘉定一路的吕玉等;有的是固定于一处从事本地贸易的坐贾,如开油店的朱十老、开酒店的刘德夫妻等;有的是走街串巷的小商贩,如卖瓜子的金哥、卖花粉的陆婆等;有的则是为买卖双方说合交易、评定价格并从中抽取佣金的居间商人,又被称为牙人或牙行,如惯作中人的金中等;还有的是工商结合的小商品生产者,如养蚕织布的施复、朱恩等。这些商人不仅

---

① 《醒世恒言》卷十七《张孝基陈留认舅》。
② 《喻世明言》中以商人为主人公、以商人经商求利活动为主要表现内容的小说分别是第1、3、18、26、28、35、38、39卷,共8篇;《警世通言》中则分别是第5、11、16、20、22、23、24、25、32、33、34、37、38卷,共13篇;《醒世恒言》中则分别是第1、3、5、7、10、15、16、17、18、20、33、34、35卷,共13篇。合计34篇,在"三言"的120篇小说中占将近3/10。

经营方式各异,所经营的商品也涵盖社会生活各方面,如米、油、盐、漆、木材、药材、珠宝等。他们大多有自己固定的贩货路线和主打商品,善于发挥自身长处,形成有自己特色的经商手段,从而实现发家致富的目的。

从来源看,这些商人有的是积祖行商、继承家业的,如蒋兴哥是继承父业行商,黄善聪女扮男装跟着父亲学做生意;有的是弃农从商,如桂富五、徐阿寄;有的则是弃儒从商,如刘贵"先前读书,后来看看不济,却去改业做生意"①;还有的则是兼职,如在北司官厅下做押番的计安,虽有公职在身,但想到"若不做些营生,恐坐吃山空,须得些个道业,来相助方好"②,便与妻子商议开一个酒店。这些弃农从商、弃儒从商和官商兼职的现象很好地说明了明代商业的兴盛以及人们观念的转变。

从籍贯来看,明代篇目中所涉及的商人(含手工业者),主要是苏州商人,其次是徽州商人,还有江西商人、山西商人、南京商人、扬州商人、浙江商人等。③ 具体见表1:

---

① 《醒世恒言》卷三十三《十五贯戏言成巧祸》。
② 《警世通言》卷二十《计押番金鳗产祸》。
③ 对于商帮的称呼,有的是按照区划命名的,有的则是按照地名命名的。中国十大商帮中,山西商帮、陕西商帮、山东商帮、福建商帮、广东商帮、江右商帮(即江西商帮)是以省命名的;徽州商帮、龙游商帮、宁波商帮是以市命名的;洞庭商帮则是以更小的区划命名的。以区划命名的商帮又可以再细分,如广东商帮又可分为广府商帮、客家商帮和潮汕商帮等;相应地,龙游商帮、宁波商帮又是浙江商人的一部分,洞庭商帮和扬州、南京等地的商人则是苏商的组成部分。

表1 "三言"中明代商人一览表

姓名	籍贯	主要事迹	出处
刘有才	苏州	外号顺泉,累世驾一只大船,揽载客货,往各省交卸。是宋敦最契之友,招赘其子宋金。嫌贫爱富,借故将宋金丢在岸上离开。	《警》22①
宋 金	苏州	刘有才之婿,因女儿去世而得了痨病,被刘有才丢在岸边。发现土地庙中八箱财宝,在南京开张典铺,置买田庄,成为富商。最后与妻子团聚。	《警》22
桂富五	苏州	家住吴趋坊,与施济同在支学究馆中读书,后移居胥口,弃农从商,将薄产抵借本银三百两,贩纱段往燕京,本利俱耗,田房家私与一妻二子均为债主所有。得施家救助,为其管理庄园,挖得一千五百两白银,瞒着施家往绍兴府会稽县购置田庄。因忘恩负义,其妻儿均变犬,本人出家。	《警》25
高 赞	苏州	西洞庭的富家,少年惯走湖广,贩卖粮食。后来家道殷实了,开起两个当铺,托着四个伙计掌管。将女儿嫁给了钱秀才。	《醒》7
颜 俊	苏州	字伯雅,住苏州吴江县北门外,富商,县庠生,欲娶高赞之女,让钱秀才代自己相亲、迎亲,弄巧成拙。	《醒》7
尤 辰	苏州	号少梅,颜俊的远亲,做生意极为伶俐,在家开个果子店,常往洞庭山贩橙橘卖。为颜俊出谋划策,请钱秀才代为相亲,事发后被重责三十板。	《醒》7
施 复	苏州	字润泽,吴江县盛泽镇的机户,为人诚信,归还拾到的朱恩的银子。后生意兴隆,成为远近知名的富商。	《醒》18
朱 恩	苏州	滩阙村的机户,施复所拾银子失主,与施复结拜并结为儿女亲家。	《醒》18

① "出处"一栏中,《喻世明言》简称为《喻》,《警世通言》简称为《警》,《醒世恒言》简称为《醒》,书名号后面的数字表示卷数。如"《警》22"表示《警世通言》卷二十二。

续表

姓名	籍贯	主要事迹	出处
王 宪	苏州	家住苏州专诸巷内天库前,家中有几十万家私,开一个玉器铺,人称王员外,乐善好施,收张廷秀为义子,并将小女儿许配与他。又因田产广多,点了个白粮①解户,往京城运粮,也可捎带玉器赴京发卖。	《醒》20
陈 商	徽州	新安县粮商,小名大喜哥,人称大郎。在襄阳收购米豆之类,卖往苏州。蒋兴哥之妻三巧儿的情人,后因思念三巧儿而病故。	《喻》1
汪朝奉②	徽州	在湖广襄阳府枣阳县大市街开典当铺的商人。	《喻》1
朱八朝奉	徽州	在湖广襄阳府枣阳县开盐店的徽州盐商,娶卖珠子王婆的四女儿为偏房。	《喻》1
平老朝奉	徽州	陈商之妻皮氏的父亲,经营业务不明。	《喻》1
陶 公	徽州	在长江上往来经营的徽商,或为盐商或为粮商,为人本分,救了被水盗所害的知县苏云,将其安置在三家村教书。	《警》11
孙 富	徽州	字善赉,徽州新安人氏。家资巨万,累世在扬州做盐商。又是南京国子监的纳粟生。欲以一千两从李甲手中买下杜十娘。	《警》32
沈 洪	山西	山西平阳府洪洞县人,有数万银子,来北京贩马。用两千两银子买玉堂春做妾。妻皮氏,平昔间嫌老公粗蠢,与监生赵昂通奸,毒死沈洪并嫁祸给玉堂春。	《警》24
蒋世泽	湖广	襄阳府枣阳县人,蒋兴哥之父,专走广东贩卖珠宝。	《喻》1
蒋 德	湖广	小字兴哥,襄阳府枣阳县商人,父亲及母家均世代为商。走广东贩珍珠、玳瑁、沉香等卖往苏州。妻三巧儿与陈商通奸,兴哥休妻时退回其嫁妆和平日花销。	《喻》1
吕 公	湖广	襄阳府枣阳县城外客房主人。	《喻》1
宋老儿	广东	广东合浦县珠宝商人。	《喻》1
宋 福	广东	宋老儿之子,珠宝商人。	《喻》1
宋 寿	广东	宋老儿之子,珠宝商人。	《喻》1

① 白粮,是指由江南苏州、常州、松江、嘉兴、湖州五府中的24县1州的粮长解运到京师供应库、光禄寺、酒醋面局、宗人府及百官俸禄的税粮,每年额派21万余石,因是供应六宫及百官消费,故对米质的要求非常高。明代白粮解运,开始为粮长督率运夫解运,后变为粮长自雇船只和人夫解运,再变为官府督催粮长解运。

② 徽州称有一定身份的财主叫"朝奉",类似于"员外"的称呼。

续表

姓名	籍贯	主要事迹	出处
黄 公	南京	人唤"黄老实",应天府上元县人,以贩线香为业,兼带卖些杂货,惯走江北一带地方。	《喻》28
黄善聪	南京	黄公次女,女扮男装,与父亲往庐州贩卖线香,父亡后独自经营。	《喻》28
李 英	南京	字秀卿,应天府贩卖线香的商人,与黄善聪结为义兄弟,后娶善聪为妻。	《喻》28
徐 能	扬州	仪征县人,在五坝上街居住。久揽山东王尚书府中一只大客船,装载客人,每年纳还船租银两。与一班水手一有机会就谋财害命,亦商亦盗。谋害县令苏云一家,收养其子,最后被杖责八十。	《警》11
杨小峰	扬州	举人杨延和的叔父,祖上经商至扬州江都县,遂定居,往来于南直、北京之间的商贩。	《醒》21
陆 婆	浙江	杭州府十官子巷口居住,以卖花粉为名,专一做媒作保,做马泊六。其子陆五汉骗奸潘寿儿,陆婆因说诱良家女子,依律被发配。	《醒》16
陆五汉	浙江	陆婆之子,在门前杀猪卖酒,平昔酗酒撒泼,骗奸潘寿儿并杀其父母,被判杖责一百,斩刑。	《醒》16
薄有寿	浙江	住在江南镇上,与妻子在门首开个糕饼馒头点心铺子,自己所积累的八锭银子自动跑到施复家中。	《醒》18
徐阿寄	浙江	严州府淳安县锦沙村徐家的仆人,为周恤主人颜氏母子外出做生意,凭精明的经营赚了大钱。	《醒》35
孙 九	河南	河南南阳人,善作木匠,多在学中做工。替周廷章送情书给王娇鸾婢女明霞。后替王娇鸾寄信往苏州,而后又亲自前往苏州,揭发周廷章的不义之行。	《警》34
张客人	河南	是志诚之士,要往苏州收货。受王娇鸾所托送信给周廷章。	《警》34
褚 卫	河南	河南府人,专在江南贩布营生。平昔好善,救了落水的张文秀,收其为义子。	《醒》20
蒯 三	江西	江西临江府新淦县木匠,泥水木作,件件精熟,有名的三料匠。在非空庵东院厢房内天花板上拾到赫大卿的鸳鸯绦。后受陆氏所托前往非空庵打听赫大卿消息。	《醒》15

续表

姓名	籍贯	主要事迹	出处
张 权	江西	江西南昌府进贤县木匠,在苏州阊门外开木器铺,有子廷秀、文秀。被赵昂陷害,坐牢多年,最终骨肉团聚。	《醒》20
丘乙大	江西	景德镇窑户家的坯工,逼迫妻杨氏去刘三旺家上吊。	《醒》34
白 铁	江西	景德镇铁匠,住丘家西间壁第七家,杨氏错吊于此。白铁怕惹祸,将尸体抛于酒店王公家门口。	《醒》34
刘三旺	江西	景德镇坯工,住在丘家东间壁第三家。	《醒》34
王 公	江西	景德镇酒店店主,因怕惹祸,与小儿一起将杨氏尸体抛于河中。	《醒》34
刘 德	北京	在河西务镇上开一酒店,平昔好善,肯周济人的缓急,被尊称为"刘长者"。救助方勇父子和刘奇,收养刘方、刘奇为子。	《醒》10
刘 方	山东	山东济宁人,原名方申,父亲死后被刘德收养。实为女扮男装,后嫁给刘奇。	《醒》10
刘 奇	山东	山东张秋人,落水后被刘方带回家中,后拜刘德为父。与刘方同开一个布店,生意兴隆。	《醒》10

表中所列"三言"中明代商人共43位,其中苏州商人9位,徽州、江西各6位,浙江4位,湖广、广东、南京、河南各3位,扬州、山东各2位,山西、北京各1位。由此不难看出,冯梦龙所描写的商人,主要是他最熟悉的苏州、徽州、江西商人。而其中苏州本地商人虽然只有9位,但与苏州有关的商人则不止于此,在苏州活动的外地商人有7个,来自不同地区,可见苏州确实是商贾云集之地。

在9位苏州商人中,船主1人,开典当铺的2人,经营田庄的2人,养蚕卖丝的2人,玉器商、粮商、水果商各1人,还有一人是县庠生。苏州是鱼米之乡,洞庭商人高赞以贩米致富实属平常;苏州又是丝织业中心,故施复、朱恩为机户,自主生产,自负盈亏。而洞庭山的橘子极富盛誉,号曰洞庭红,故尤辰前往"洞庭山贩了几担橙橘回来"。吴地器物精美,工艺高超,玉器商人自然不少,王宪即为其中之一,而他往京城运粮服劳役的同时,捎带玉器赴京发卖在当时也是得到政府许可的合法营生。苏州为江南水乡,旧时往来大多以船代步,像刘有才这样的船主也非常多。冯梦龙作为土生土长的苏州人,他在塑造这些形象时必然是得心应手的,也使得他们都富有苏州特色。

徽商与晋商是明清规模最大、名声最响的两个商帮,但在"三言"中他们出现的比例相差较大,徽商有6人而晋商仅有1位。这可能是因为当时江南一带是徽商的主要势力范围,而晋商的势力在江南则相对薄弱,但就是这一处描写,也勾勒出晋商的一些主要特征。《玉堂春落难逢夫》(《警世通言》卷二十四)中的晋商沈洪是个马贩子,茶马贸易是晋商的重要业务。而沈洪的粗蠢、不懂风情也体现出晋商性格和行事上的特点。相比之下,徽商则出手阔绰又风流倜傥,如陈商和孙富。

冯梦龙笔下商人的经营内容与性格特征都与他们的籍贯相符,可见其在创作时是有充分的调查与考量的。如蒋兴哥父子前往广东合浦贩珍珠,而在明代,合浦正是中国主要的珍珠产地,政府还在此设有看守的太监。又如扬州乃水运交通的枢纽,从事水上运输的商人如徐能,利用这一条件亦商亦盗,也很常见。又如江西人,在"三言"中多为工匠,包括景德镇的坯工、铁匠,木匠张权,等等,可见张瀚所说"今天下财货聚于京师而半产于东南,故百工技艺之人亦多出于东南,江右为夥"①并非虚言。张权还在苏州的店墙上写"江西张仰亭精造坚固小木家火,不误主顾"的大字,可见对自己工艺的自信。

值得注意的是,"三言"中所描写的商人很少是富商巨贾,而大多是中小商人,冯梦龙关注他们如何以自己的勤劳和智慧发迹,也描写他们的婚恋状况。冯梦龙打破了传统的对商人的鄙薄和偏见,在他笔下,这些中小商人大多是善良质朴、诚实可靠的正面形象,具有传统社会所提倡的种种美德。这种"德商"在"三言"中比比皆是,如"平昔好善,极肯周济人的缓急"的刘德和拾金不昧的施复。相反,那些少数的富商巨贾则是人们所鄙视的"奸商",他们往往悭吝薄情、奸诈狡猾,最后也大多为自己的恶行付出了代价,如悭吝至极的金冷水,本想毒死老僧,不想却毒死了两个儿子,

---

① 张瀚.松窗梦语[M].上海:上海古籍出版社,1986:67.

最后家破人亡,家产也被族人抢光。①

冯梦龙在塑造商人形象、描写商人活动的时候,或详或略地写到商业情况。"三言"中的商业内容所涉极广,衣食住行方方面面都有所展现,从生活必需品到奢侈品如米粮、油、家具、丝绸、玉器等均出现在其中。商人经商自有一套体系和流程,不少行业和地区都有自己的商业区和商业链条,如苏州丝绸重镇盛泽,就有集中的交易场所和专门的经纪人。"三言"虽然没有用大量笔墨直接描写商业,但有多处侧面勾勒,比如写苏州阊门、枫桥的繁盛,是"大马头"所在,说明了苏州的主要商业中心所在;比如写徐阿寄、宋小官等市民发迹致富的经历,反映了明代中后期广大市民对财富利润的追求,以及商业在当时的影响力;又比如对不同籍贯商人的不同描写,可以看出不同地域商业发展的特色。

"三言"中的商贾小说可以说是明中后期市井小民商业发迹史的写照,涉及丝织业、陶业、米业等诸多商业领域,从中可以窥探出明代商业的某些情况。冯梦龙塑造了大大小小近百个商人形象,展现了市民的致富理想,他们的经历和遭遇被打上了时代的烙印,谱写出明代商人和商业的交响曲。

二、冯梦龙小说中的吴地商人

明代经济发展的一个重要特点是出现了地域性的商帮,有名的如山西晋商、徽州徽商、广东粤商等。苏州也孕育了自己的商帮,《醒世恒言》卷七《钱秀才错占凤凰俦》中写道:

> 这太湖在吴郡西南三十余里之外。你道有多少大?东西二百里,南北一百二十里,周围五百里,广三万六千顷,中有山七十二峰,襟带三州。哪三州?苏州、湖州、常州……那太湖中七十二峰,惟有洞庭两山最大:东洞庭曰西山,两山分峙湖中……那东西两山在太湖中间,四面皆水,车马不通。欲游两山者,必假舟楫,往往有风波之险。话说两山之人,善于货殖,

---

① 《警世恒言》卷五《吕大郎还金完骨肉》。

八面四路,去为商为贾,所以江湖上有个口号,叫做"钻天洞庭"。

这段话说的就是苏州的洞庭商帮。洞庭东西两山,在苏州市西南,原本是太湖中面积最大的两座岛屿,由于泥沙淤积,东山的东北现在已经与陆地相连。东山一名莫厘山,相传隋朝莫厘将军在这里居住过,因而得名;又名胥母山,传说春秋时伍子胥曾在此迎接母亲;明代时开始称东洞庭。西山古称林屋山,因山上有林屋洞而得名;又称包山,因四面皆水包之而得名,或称因为包公曾居此而得名;还称禹迹山,相传夏禹治水,曾在那里约期会和诸侯。东西两山的实际面积并不大,分别只有96平方千米和82平方千米,耕地果园林木面积不到10万亩。① 然而,就是在这样的弹丸之地上,却走出了闻名全国的洞庭商帮。

"钻天洞庭"这个称呼说明了洞庭商人经商本领之高。他们通常以家族为中心进行商业活动,世代传承。《钱秀才错占凤凰俦》文中提及西洞庭的一个富商高赞,他"少年惯走湖广,贩卖粮食。后来家道殷实了,开起两个解库,托着四个伙计掌管,自己只在家中受用"②。同时还提及洞庭的物产——橘子,尤辰经营果子店需要到洞庭山去进货并且给自己的表亲颜俊送新。

洞庭两山的水果在明代极负盛名,其中最具有代表性的则是橘子,"洞庭东西山俱有,大而深绿色,未霜脐间一点先黄者为绿橘。又有平橘、蜜橘、塘南橘、朱橘、洪州橘、襄橘、匾橘、脱花甜早红橘、漆楪红诸种,唐时苏州贡橘"。此外还有梨子,"出洞庭西山有十种密梨,林梨、张公梨、白梨、黄梨、消梨、乔梨、鹅梨、大柄金花梨、太师梨,出常熟韩墩者名韩梨"③。枇杷则是"出东山白沙者佳,有黄白二种,其实差小儿独核者名金蜜罐、银蜜罐",桃子"有数种,洞庭东山水蜜桃为最",枣子"最佳者名白露酥,出东山,此

---

① 范金民,夏爱军.洞庭商帮[M].合肥:黄山书社,2005:2.
② 解库,即当铺。宋吴曾《能改斋漫录·事始二》:"江北人谓以物质钱为解库,江南人谓为质库,然自南朝已如此。"
③ 陈梦雷.古今图书集成·方舆汇编·职方典[M].北京:中华书局,1987:13900.

枣至白露始熟,故名,俗呼白蒲枣"。①

经商在洞庭两山有悠久而深刻的传统,这与当地"土狭民稠"的自然条件有密切联系:

> 具区危嶱,惟西洞庭周遭八十余里……凡故家巨姓,聚庐扦处其间,依山绕水,篱落村墟,皆异凡境;奥壤稍开阡陌,然广不及山之一二。土人无田可耕,诗书之外,即以耕渔树艺为业,稍有资蓄,则商贩荆襄,涉水不避险阻……东洞庭……编民亦苦,田少而不得耕耨而食,并商游江南北,以通齐鲁燕豫,随处设肆,博锱铢于四方,以供吴之赋税,兼办徭役,好义急公,兹山有焉。②

这说明经商在洞庭两山是普遍现象,洞庭商人的活动地域也相当广泛,荆襄、齐鲁、燕豫各地都留下了他们的足迹。唐力行总结出洞庭商人的四个主要活动地区:一是以太湖流域为中心的长江三角洲;二是长江以北,以运河交通线为中心的北方地区;三是长江中游,以两湖为中心的西部地区;四是闽广和海外地区。他们既有重点经营的区域,又不限于这些区域而周游于天下,这就建构起一张覆盖整个中国的商业网络。③ 归有光在《震川集》中亦云:"洞庭人依山居,仅仅吴之一乡,然好为贾,往往天下所至,多有洞庭人。"他们和当时的徽州商人合称为"钻天洞庭遍地徽",是江南商人的中坚。

洞庭商人所经营的商品种类也非常丰富,但总体上来看,主要是生活必需品,以米粮和布帛为主。而最能代表苏州特色的商品,则是丝绸布帛。苏州是丝织业的中心,冯梦龙则专门以一卷的篇幅来展现其风貌。他将视野聚焦到苏州的一个小镇——盛泽镇上:

---

① 冯桂芬.中国地方志集成·江苏府县志辑7[M].南京:凤凰出版社,2008:483.
② 顾炎武.天下郡国利病书[M].上海:上海科学技术文献出版社,2002:355.
③ 唐力行.商人与中国近世社会[M].北京:商务印书馆,2003:52.

苏州府吴江县离城七十里,有个乡镇,地名盛泽,镇上居民稠广,土俗淳朴,俱以蚕桑为业。男女勤谨,络纬机杼之声,通宵彻夜。那市上两岸绸丝牙行,约有千百余家,远近村坊织成绸匹,俱到此上市。四方商贾来收买的,蜂攒蚁集,挨挤不开,路途无伫足之隙;乃出产锦绣之乡,积聚绫罗之地。江南养蚕所在甚多,惟此镇处最盛。有几句口号为证:"东风二月暖洋洋,江南处处蚕桑忙。蚕欲温和桑欲干,明如良玉发奇光。缫成万缕千丝长,大筐小筐随络床。美人抽绎沾唾香,一经一纬机杼张。咿咿轧轧谐宫商,花开锦簇成匹量。莫忧八口无餐粮,朝来镇上添远商。"①

蚕结茧而织丝而纺绸,再出脱到市场上进行贩卖;四方商贾来收买,便形成了绸丝市场。卖丝绸布匹的有像施复一样以家庭为单位而生产的,出售时自己跑到市场进行叫卖;也有大户人家进行作坊式生产(施复后来发迹了也是如此),直接有负责中间交易的牙行上门购买。

这镇上都是温饱之家,织下绸匹,必积至十来匹,最少也有五六匹,方才上市。那大户人家积得多的便不上市,都是牙行引客商上门来买。施复是个小户儿,本钱少,织得三四匹,便去上市出脱。一日,已积了四匹,逐匹把来方方折好,将个布袱儿包裹,一径来到市中。只见人烟辏集,语话喧阗,甚是热闹。施复到个相熟行家来卖,见门首拥着许多卖绸的,屋里坐下三四个客商。主人家贴在柜身里,展看绸匹,估喝价钱。②

仅从这一个小镇便可想知整个苏州蚕桑业的盛况。而据乾隆《吴江县志》记载,该镇在"明初以村名,居民止五六十家。嘉靖间倍之,以绫绸为业,始称为市。迄今(清乾隆)居民百倍于昔,绫绸之

---

① 《醒世恒言》卷十八《施润泽滩阙遇友》。
② 《醒世恒言》卷十八《施润泽滩阙遇友》。

聚,亦且百倍。四方大贾辇金至者无虚日。每日中为市,舟辑塞港,街道肩摩,盖其繁阜喧盛,实为邑中诸镇之第一"。苏州的很多市镇,如震泽镇、严幕市、梅堰市等,在元末明初时都是萧条的村落,基本都是在嘉靖年间由村发展成市镇的。震泽县盛产丝,《吴江县志》载,"西境所缫丝光白而细,可为纱缎经,故名经丝;其东境所缫丝稍粗,多用以织绫绸,俗称绸丝,又有同宫丝、二蚕丝,皆可为绸绫纬",且"凡邑中所产者皆聚于吴江至盛泽镇,天下衣被多赖之"。

冯梦龙还详细介绍了盛泽镇育蚕的过程:

> 那育蚕有十体、二光、八宜等法,三息五广之忌。第一要择蚕种。蚕种好,做成茧小而明厚坚细,可以缫丝。如蚕种不好,但堪为绵矿,不能缫丝,其利便差数倍。第二要时运。有造化的,就蚕种不好,依般做成丝茧;若造化低的,好蚕种,也要变做绵茧。北蚕三眠,南蚕俱是四眠。眠起饲叶,各要及时。又蚕性畏寒怕热,惟温和为得候。昼夜之间,分为四时。朝暮类春秋,正昼如夏,深夜如冬,故调护最难。江南有谣云:"做天莫做四月天,蚕要温和麦要寒。秧要日时麻要雨,采桑娘子要晴干。"①

可见养蚕工作十分繁复,要把握好饲养温度、湿度,也要不间断地提供桑叶。养蚕还有独特的风俗:

> 那养蚕人家,最忌生人来冲。从蚕出至成茧之时,约有四十来日,家家紧闭门户,无人往来。任你天大事情,也不敢上门。②

《清嘉录》中也有"三四月为蚕月,红纸黏门,不相往来,多所

---

① 《醒世恒言》卷十八《施润泽滩阙遇友》。
② 《醒世恒言》卷十八《施润泽滩阙遇友》。

禁忌"①的记载。

本卷的主人公施复是嘉靖年间盛泽镇上一个养蚕的小户,夫妻俩在"家中开张绸机,每年养几筐蚕儿,妻络夫织,甚好过活"。

> 那施复一来蚕种拣得好,二来有些时运,凡养的蚕,并无一个绵茧,缫下丝来,细员匀紧,洁净光莹,再没一根粗节不匀的。每筐蚕,又比别家分外多缫出许多丝来。照常织下的绸拿上市去,人看时光彩润泽,都增价竞买,比往常每匹平添钱方银子。因有这些顺溜,几年间,就增上三四张绸机,家中颇颇饶裕。
>
> 夫妻依旧省吃俭用,昼夜营运。不上十年,就长有数千金家事。又买了左近一所大房居住,开起三四十张绸机,又讨几房家人小厮,把个家业收拾得十分完美。②

从一张绸机到三四张绸机再到三四十张绸机,从妻络夫织到雇佣小厮,施复的发家过程在当时非常具有典型意义,从中也可以看到新的生产关系,即资本主义生产关系的萌芽。施复的成功与邻居的失败则反映了织户之间的竞争以及随之而来的小商品生产者的分化,即《吴江县志》所云"有力者雇人织挽"与"贫者皆自织"的局面:

> 绫绸之业,宋元以前,惟郡人为之。至明熙宣间,邑民始渐事机丝,犹往往雇郡人织挽。成弘以后,士人亦有精于此其业者,相沿成俗,于是盛泽黄溪四五十里间,居民悉逐绫绸之利。有力者雇人织挽,贫者皆自织,而令童稚挽花。女工不事纺绩,日夕治丝,故儿女自十岁以后,皆蚤暮拮据,以糊其口。而丝之丰歉,绫绸价之低昂,即小民有岁无岁之分也。

---

① 顾禄.清嘉录[M].南京:江苏古籍出版社,1986:90.
② 《醒世恒言》卷十八《施润泽滩阙遇友》。

由此,雇佣制日渐发展成熟,嘉靖《吴江县志》记载了雇佣的分类:"若无产者赴逐雇倩,抑心殚力,计岁而受值者曰长工,计时而受值者曰短工,计日而受值者曰忙工。"

除此之外,从事不同生产的工匠各有聚集等待的地点,以纺织业为例,"工匠各有专能。匠有常主,计日受值;有他故则唤无主之匠代之,曰唤代。无主者黎明立桥以待,缎工立花桥,纺工立广化寺桥;以车纺丝者,曰车匠,立濂溪坊。什百为群,延颈而望,粥后俱各散归。若机房工作减,此辈衣食无所矣"①。

盛泽镇是苏州工商业勃兴的一个缩影,事实上,从明中叶起,各种新兴的工商业市镇迅速发展,特定的产品基本都有其固定的产业区,如"席出虎丘,其次出浒墅。铜香炉出郡城福济观前","麻手巾出齐门外陆墓","蜡牌出桃花坞","斑竹器出半塘,书画卷轴出阊门专诸巷","木作出吴县香山","窑作出齐门陆墓","染作出娄门外维亭"②,等等。江西的景德镇则是陶业的中心,《醒世恒言》卷三十四载:

江西饶州府浮梁县,有景德镇,是个马头去处。镇上百姓,都以烧造瓷器为业,四方商贾,都来载往苏杭各处贩卖,尽有利息。③

这些市镇发达的手工业自然吸引了各地商人前来收购,苏州"货物店肆,充溢金阊,贸易镪至辐辏,然倚市门者皆称贷鬻财,多负子母钱,远方贾人挟资以谋厚利,若枫桥之米豆,南濠之鱼盐药材,东西汇之木箨,云委山积"④。

《喻世明言》中的陈商"一路遇了顺风,不两月行到苏州府枫桥地面。那枫桥是柴米牙行聚处,少不得投个主家脱货,不在话

---

① 陈梦雷.古今图书集成·方舆汇编·职方典[M].北京:中华书局,1987:13854.
② 陈梦雷.古今图书集成·方舆汇编·职方典[M].北京:中华书局,1987:13905-13907.
③ 《醒世恒言》卷三十四《一文钱小隙造奇冤》。
④ 陈梦雷.古今图书集成·方舆汇编·职方典[M].北京:中华书局,1987:13854.

下",而蒋兴哥"久闻得'上说天堂,下说苏杭',好个大马头所在,有心要去走一遍,做这一回买卖,方才回去",两人在苏州相遇。苏州枫桥是明代苏州重要的商埠码头,是"柴米牙行聚处",这样的"大马头所在"吸引着他们,从而为后来的情节做了铺垫。

三、冯梦龙小说中的吴地商业智慧

冯梦龙的"三言"中塑造了如此之多的商人形象,客观地反映了明代社会经济的发展面貌,对商人的生活和经商管理艺术进行了形象的刻画。他善于也乐于写那些本钱少、地位低的小商人的奋斗创业史,典型的如秦重、徐阿寄、施复等,他们凭借自己的商业智慧一步步扩大家业。同时,他们也恪守商业道德与传统美德,在重利的同时重义,义与利在他们这里不再对立,而是相得益彰。

"三言"中所描写和赞扬的商业智慧与商业文化,主要体现在以下几个方面:

1. 敢于冒险,灵活机变

做生意有风险,这是常识,商场风云变幻,一时不慎便会满盘皆输、倾家荡产,甚至可能遭遇匪徒、客死他乡。如桂富五,因"农夫利薄,商贩利厚,将薄产抵借李平章府中本银三百两,贩纱段往燕京。岂料运奏时乖,连走几遍,本利俱耗,宦家索债,如狼似虎,利上盘利,将田房家私尽数估计,一妻二子,亦为其所有"①,走投无路之下只想一死了之;又如杨八老在漳州被倭寇俘虏至日本,十九年后方能回国,阖家团聚②。

但倘若因此而畏首畏尾、裹足不前,也就无法成为成功的大商人。五十多岁的徐阿寄从未做过生意,但为了给自己争口气,也为了帮徐家三房的孤儿寡母"挣个事业起来",毅然决定出门做生意。③汪信之"因与哥哥汪孚酒中争论一句闲话,憋气出走",并决心"不致千金,誓不还乡"④。他们敢于抛下安逸,投入经商洪流,

---

① 《警世通言》卷二十五《桂员外途穷忏悔》。
② 《喻世明言》卷十八《杨八老越国奇逢》。
③ 《醒世恒言》卷三十五《徐老仆义愤成家》。
④ 《喻世明言》卷三十九《汪信之一死救全家》。

便是冒险精神的作用。

　　当然,做生意不能仅凭一股闯劲,更重要的是要有经商的智慧和手段。经商之初,第一个问题便是:该做什么生意?对于这个问题,徐阿寄是这样回答的:"大凡经商,本钱多便大做,本钱少便小做。须到外边去,看临期着便,见景生情,只拣有利息的就做,不是在家论得定的。"做生意不能纸上谈兵,要从自身实际出发,量力而行,更要注重对市场的调查和分析,搜集商业信息,从而选择适合自己的经营方向。如秦重被赶出油店时只有三两银子,不够本钱,做什么生意好?他"左思右量,只有油行买卖是熟间。这些油坊多曾与他识熟,还去挑个卖油担子,是个稳足的道路"①。

　　徐阿寄"闻得贩漆这项道路颇有利息,况又在近处",便决定从贩漆开始自己的经商之路。他在庆云山购进漆之后,"想道:'杭州离此不远,定卖不起价钱。'遂雇船直到苏州。正遇在缺漆之时,见他的货到,犹如宝贝一般,不勾三日,卖个干净"。但徐阿寄并没有因此而满足,在将枫桥籼米卖往杭州时,他特地去打听杭州的漆价,发现"比苏州反胜"。"元来贩漆的,都道杭州路近价贱,俱往远处去了,杭州到时常短缺。常言道:'货无大小,缺者便贵。'故此比别处反胜。"他抓住这个机会,"星夜赶到庆云山"买漆,"到杭州也不消三两日,就都卖完,计算本利,果然比起先这一帐又多几两"。徐阿寄保持着清醒的头脑,不随大流,从市场实际出发,抓住空档大赚一笔。到第三次贩漆,他"不在苏杭发卖,径到兴化地方,利息比这两处又好"。

　　秦重在二月时"闻知昭庆寺僧人,要起个九昼夜功德,用油必多,遂挑了油担来寺中卖油",他抓住了这个机遇,一连九天都在昭庆寺走动,做成了一笔大生意。

　　徐阿寄与秦重的经商特色与致富关键便在于"灵活"二字,他们都能开动脑筋,善于搜集商业信息,分析调查市场现状,及时抓住机遇,成功赚到了钱。经商有风险,但倘若从自身实际出发,灵活机变,便可以规避风险,发现商机,发家致富。

---

① 《醒世恒言》卷三《卖油郎独占花魁》。

苏州的洞庭商人号称"钻天",在预测市场行情方面极为擅长,如洞庭东山翁氏的翁赞,他就能及时掌握各种物产的变化情形,预测商品多寡贵贱,然后确定经营方向、内容、规模、缓急等,从而获得成功。

而蔡鹤峰和王荣发现"枫桥无会馆,商贾多投牙行。行玩巧而多奸,往往枲者贱而籴者反贵",于是他们倡议建立会馆,"择心计强干者轮主之,米石扣十钱给贾人饮食,价随时低昂,不为牙行欺民,甚便之"①。到了近代,上海成为全国性的经济大都会,外国资本聚集,洞庭商人也抓住这个机会,在钱庄和银行,丝绸和洋布,粮食和糖业等各行各业中都占有一定地位,为近代上海金融业和工商业的繁荣贡献了自己的力量。

凭借敏锐的商业嗅觉、灵活的经营,加上独特的创造力,洞庭商人成为时代的弄潮儿,影响至今。

2. 诚信为本,忠厚做人

中国传统文化讲究信义,古代商人也将诚信、忠厚、信誉作为经商之本。这一点在"三言"中也多有体现,冯梦龙对这种美德多有褒扬,如黄公因买卖公道而被江北人唤作"黄老实";韦德"做人公道,利心颇轻,为此主顾甚多,生意尽好,不几年,攒上好些家私"②;刘方、刘奇的布店因"二人少年志诚,物价公道,传播开去,慕名来买者,挤挤不开"③;刘德、施复因为好善助人而被尊称为"长者";等等。他们的忠厚与诚信赢得了顾客的信赖,形成了良好的声誉,吸引了更多的顾客,从而扩大了商业规模,形成了一种良性循环。《卖油郎独占花魁》中的秦重,堪称这一方面的楷模。

他被赶出朱家后,油坊里认得他是个老实好人,"况且小小年纪,当初坐店,今朝挑担上街,都因邢伙计挑拨他出来,心中甚是不平。有心扶持他,只拣窨清的上好净油与他,签子上又明让他些",而秦重"得了这些便宜,自己转卖与人,也放些宽,所以他的油比别

---

① 王维德.林屋民风[M]//张智.中国风土志丛刊:第42册.扬州:广陵书社,2003:391-392.
② 《醒世恒言》卷五《大树坡义虎送亲》。
③ 《醒世恒言》卷十《刘小官雌雄兄弟》。

人分外容易出脱"。秦重的"放些宽"即价格上便宜些或分量上多一些,使顾客得到了实惠与尊重,自然卖得好。与之相对比的是挑拨陷害秦重的邢权,那"油铺是个老店,从来生意原好","却被邢权刻剥存私,将主顾弄断了多少",为一些蝇头小利而损失了客源,得不偿失。而当秦重重新回到油店之后,顾客又慕名而来,"所以生意比前越盛"。

除了卖油时"放些宽",秦重还巧妙地给自己做了广告宣传。他"把盛油的桶儿,一面大大写个'秦'字,一面写'汴梁'二字,将油桶做个标识,使人一览而知。以此临安市上,晓得他本姓,都呼他为秦卖油"。类似的例子还有张权,他在苏州阊门外皇华亭侧边开一个木匠店,"自起了个别号,去那白粉墙上写两行大字,道:'江西张仰亭精造坚固小木家火,不误主顾'"。这样的广告成本低廉,却取得了很好的效果。

秦重从昭庆寺出来,偶然看见了花魁,看得目瞪口呆。"王妈妈一眼瞧著油担,便道:'阿呀,方才要去买油,正好有油担子在这里,何不与他买些?'那丫鬟取了油瓶也来,走到油担子边,叫声:'卖油的!'秦重方才知觉,回言道:'没有油了!妈妈要用油时,明日送来。'那丫鬟也认得几个字,看见油桶上写个'秦'字,就对妈妈道:'那卖油的姓秦。'妈妈也听得人闲讲,有个秦卖油,做生意甚是忠厚,遂吩咐秦重道:'我家每日要油用,你肯挑来时,与你个主顾。'秦重道:'承妈妈作成,不敢有误。'"

王妈妈与丫鬟看到油桶上的"秦"字,就马上知道了这就是秦卖油,又因为听人讲他"做生意甚是忠厚",便主动提出要与秦重做个主顾。第二天秦重应约而来,王九妈"笑道:'好忠厚人,果然不失信。'便叫他挑担进来称了一瓶,约有五斤多重。公道还钱,秦重并不争论。王九妈甚是欢喜,道:'这瓶油只勾我家两日用;但隔一日,你便送来,我不往别处去买了。'"就这样,秦重凭借在顾客中积累的良好声誉,加上巧妙的广告,为自己赢得了一个长期稳定的客户。正印证了本卷的主题:刻薄不赚钱,忠厚不折本。

苏州商人也重视诚信、忠厚的品德,如盛泽镇的织户施复,为人素来厚道,所以当他到市里一个相熟的行家卖绸匹时,主人家

"逐匹翻看一过,将秤准了一准,喝定价钱,递与一个客人道:'这施一官是忠厚人,不耐烦的,把些好银子与他。'那客人真个只拣细丝称准,付与施复。"因为他忠厚,所以即便是给银子,也是给的细丝好银。施复的忠厚更体现在他拾到别人的银子之后的心理活动和举动上。他一开始心中是极为欢喜的,他本是个本钱少的小织户,有这六两银子做本钱便可以再多添上一张绸机,便可多几分利润,甚至都盘算到十年之后了。但他毕竟为人忠厚,头脑冷静下来之后,想道:

> 这银两若是富人掉的,譬如牯牛身上拔根毫毛,打什么紧,落得将来受用;若是客商的,他抛妻弃子,宿水餐风,辛勤挣来之物,今失落了,好不烦恼!如若有本钱的,他拼这帐生意扯直,也还不在心上;倘然是个小经纪,只有这些本钱,或是与我一般样苦挣过日,或卖了绸,或脱了丝,这两锭银乃是养命之根,不争失了,就如绝了咽喉之气,一家良善,没甚过活,互相埋怨,必致鬻身卖子,倘是个执性的,气恼不过,肮脏送了性命,也未可知。我虽是拾得的,不十分罪过,但日常动念,使得也不安稳。就是有了这银子,未必真个便营运发积起来。一向没这东西,依原将就过了日子。不如原往那所在,等失主来寻,还了他去,到得安乐。①

天降横财,施复却能推己及人,想到失主发现丢钱之后的情状,认为即使自己用了这笔横财心中也不得安稳,还不如还给失主。对于他的举动,多数人表示赞叹,也有人说:"施复是个呆的,拾了银子不会将去受用,却呆站着等人来还。"而有人则说:"这人积此阴德,后来必有好处。"

他回家后跟妻子说起这件事,妻子也道:"这件事也做得好。自古道:'横财不富命穷人。'倘然命里没时,得了他反生灾作难,到未可知。"施复道:"我正为这个缘故,所以还了他去。"当下夫妇

---

① 《醒世恒言》卷十八《施润泽滩阙遇友》。

二人，不以拾银为喜，反以还银为安。冯梦龙则感慨"衣冠君子中，多有见利忘义的，不意愚夫愚妇到有这等见识"，并写下"万贯钱财如粪土，一分仁义值千金"的诗句，赞扬施复拾金不昧的仁德之举。

3．依托家族，世代传承

经商风险与机遇并存，并非人人都能纵横捭阖、笑傲商场，经商需要天分，更需要经验。纵观"三言"中的商人，多数都是世家经商、继承家业的，他们从小耳濡目染，锻炼了经商手段，培养了商业意识，比起非商业家庭出身之人，他们在先天上就有优势。虽然"三言"中也有像徐阿寄、汪信之这样"半路出家"的成功商人，而徐阿寄的成功大多有赖于他丰富的人生阅历和灵活机智的头脑。实际上，更多下海之人都像桂富五最初那样，毫无经验，跟随大流，结果赔得倾家荡产。

蒋兴哥，自九岁起就跟随父亲蒋世泽来往广东做生意，"蒋世泽怕人妒忌，一路上不说是嫡亲儿子，只说是内侄罗小官人"，"罗家也是走广东的，蒋家只走得一代，罗家到走过三代了"。蒋兴哥"跟随父亲做客，走了几遍，学得伶俐乖巧，生意行中，百般都会，父亲也喜不自胜"。客店牙行弘治年间贩线香的黄公将女儿黄善聪女扮男装带在身边，充作自己的外甥，黄公"每日出去发货讨帐，留下善聪看房。善聪目不妄视，足不乱移。众人都道，这张小官比外公愈加老实，个个欢喜"。其他的如秦重自小在朱十老的油店里当伙计，刘方、刘奇则是拜开酒店的刘德为义父，等等。

像蒋世泽、黄公这样的行商，基本都有自己惯常的商业路线，更有世代积累下来的人脉资源。如蒋兴哥既有蒋家又有罗家的背景，广东的客店牙行"知是罗家小官人，且是生得十分清秀，应对聪明，想着他祖父三辈交情，如今又是第四辈了，那一个不欢喜"，在生意上自然也多有照顾。蒋兴哥后来继承父业，在广东购进珍珠、玳瑁、苏木、沉香之类，贩往他地。黄善聪12岁时女扮男装跟在父亲身边，前往庐州做生意，正是有了这番经历，黄公去世时，年仅14岁的善聪不仅没有心慌忙乱，而且能冷静思索后路，思量考察"间壁客房中下着的也是个贩香客人，又同是应天府人氏"，且"少年诚实",便主动与其商议与李秀卿结为异姓兄弟,合伙做生意。而李秀卿也是"从幼跟随父亲出外经纪",因"父亲年老,受不得风霜辛苦",才自己领了本钱在庐州经商。黄善聪与李秀卿"轮流一人往南京贩货,一人住在庐州发货讨帐",将生意经营得有声有色。

苏州的洞庭商人往往聚族而居,《四库全书存目丛书》"震译编"卷3载:"一村之中同姓者至数十家或数百家,往往以姓名其村巷焉。"在经商时也往往采取家族经营的模式,依托宗族,世代相承,各个家族各有其经营主业以及主要活动区域。洞庭东西两山的主要商业家族见表2:

表2 明代洞庭两山主要商人家族一览表①

族居地	家族名称	活动时段	经营主业	活动区域	代表人物
洞庭东山	王氏家族	明中期	不详	江淮	王敏、王逵、王谨、王胜、王士俊
	翁氏家族	明中后期	布业	山东临清	翁毅、翁永福、翁参、翁赞、翁篷、翁矗、翁启明、翁启阳、翁启端、翁启祥
	席氏家族	明中后期	布业	临清、朱家角镇等	席森、席端樊、席端攀、席本广、席本久、席本祯
	叶氏家族	明代	布业	临清、淮北一带	叶道恒、叶湘、叶良辅、叶秀林
	严氏家族	明中后期	布业	南京等地	严经、渔溪公、严果、严宇相、严宇春
	万氏家族	明中后期	布业	湖北、嘉兴、嘉定朱家镇	万章、万荣、万格、万经、万大纶、万澔、万俊、万润
	郑氏家族	明中后期	不详	山东等地	郑春溪、郑浦、郑登远、郑世璐等
	葛氏家族	明中后期	不详	齐鲁、荆襄、南京、徐淮之地	葛景升、葛友竹、葛钛、葛符、葛篆、葛承瑾

---

① 是表主要根据范金民、夏爱军著《洞庭商帮》第二章"主要洞庭商人家族及其活动"整理而成,见是书第30-47页(黄山书社2005年版)。

续表

族居地	家族名称	活动时段	经营主业	活动区域	代表人物
洞庭西山	秦氏家族	明中后期	不详	齐鲁、荆襄之地	秦怡松、秦宥、秦仁、秦绅、秦淮、秦隆
	徐氏家族	明中后期	不详	荆襄	徐礼、徐原德、徐槚、徐俊、徐征秀、徐征贤等
	马氏家族	明后期	不详	楚地	马昆阳、马圣基、马遵仁、马惟楷、马学周等
	邓氏家族	明末清初	不详	荆襄等地	邓文、邓秉巨、邓学敏、邓学海、邓廷芳、邓士赢、邓玉相、邓大木等
	蒋氏家族	明中后期	不详	均州、荆襄等地	蒋稼、蒋程、蒋世业、蒋寅、蒋士和等
	沈氏家族	明代	不详	荆襄等地	沈季文、沈恺、沈南溪、沈冕、沈宾、沈棠、沈力华等
	孙氏家族	明后期	米粮	湖广等地	孙大璇兄弟三人、孙炳、孙经

姑以东山席氏为例,其始迁祖是唐僖宗时因避黄巢之乱而南迁的武卫上将军席温。席氏子弟善行贾,但真正声名显赫,则是始于席端樊、席端攀兄弟。席端樊(1566—1645)号左源,席端攀(1570—1638)号右源,兄弟二人弃儒业到青浦一带学做生意。席端樊十七岁时,父亲席洙去世,兄弟两人"协力运筹策,遣宾客子弟,北走齐燕,南走闽广,不二十年,赀累巨万。凡吴会之梭布,荆襄之土靛,往来车毂,无非席商人左右源者"①。席氏在翁氏衰落后才兴盛,左源、右源居功甚著。二人的后代也极为繁盛,席端樊的后代在族谱上称为"左源公支",其子本广、本久、本彝,都继承其基业继续行商。直到近代,左源公后裔还在商界占据一席之地,近代上海的许多外资银行如汇丰银行、宝信银行、住友银行等的买办都是由席氏担任,而席正甫、席立功、席鹿笙祖孙三代甚至充任汇丰银行买办55年。席端攀的后代在族谱上称为"右源公支",其

---

① 王维德.林屋民风[M]//中国风土志丛刊42.扬州:广陵书社,2003:504-505.

子本祯不仅富于经商谋略且广施善行,富甲一方却能热心公益,具有极高的声望。其子孙除了经商,还在文艺领域有所成就,出了如藏书家席启寓、女词人席佩兰、刻书家席世臣等文化名人。康熙年间兴建的席家花园(又名启园)是席家光辉历史的见证,用以纪念康熙的临幸,被誉为"太湖第一园",是太湖风景区的主要景点之一,也是席氏显赫声誉与文化传承的载体。

席氏家族自明清以来就是江南望族,他们还走出东山,散布在世界各地,人才辈出,在商业、政治、文化等诸多领域发光发热,各有建树。

4. 雅而好儒,贾儒结合

苏州不仅是繁华的苏州、富裕的苏州,更是文化的苏州、风雅的苏州,在宋代就走出了范仲淹、范成大这样的名臣和文豪。明代的苏州,文化空前繁荣,是当之无愧的全国文化中心之一,大批的诗文家、书画家、收藏家、医学家等孕育于此,最具代表性的当数以沈周、唐寅等为核心的吴门画派。

若要探究明清苏州文化盛况,科举是一个直观的考察视角。明清苏州科举极盛,据《明清进士题名碑录索引》,自明太祖洪武四年(1371)至明思宗崇祯十六年(1643)前后273年间,全国共有状元90名,而苏州状元占其中的8.89%;自清世祖顺治三年(1646)至清德宗光绪三十一年(1905)260年间,全国共录取状元114名,而苏州府有26名,占全国的22.81%。[1] 苏州因此也被称为状元之乡。状元,在某种程度上就是苏州的特产。

苏州商人受到这种昌盛文风的影响,也大多崇文尚儒,虽在商场却无铜臭气,反而别有一番风雅。前文提及的吴地巨富顾阿瑛、陆德原,都富而好古,亦能诗文,与名士交往酬唱。洞庭两山之民虽然以商贾为生,但尚礼而好义,"虽樵汲耕种,冠不去首,相见每日必揖"[2],且"自明永乐以来,东西两山科第最盛,东山多有得大魁者"[3]。明清两代,东山曾出过2名状元,1名探花,2名会元,28

---

① 李嘉球.苏州状元[M].苏州:苏州大学出版社,1999:3.
② 王维德.林屋民风[M]//中国风土志丛刊42.扬州:广陵书社,2003:389.
③ 王维德.林屋民风[M]//中国风土志丛刊42.扬州:广陵书社,2003:400.

名进士；西山稍逊于东山，但也有12名进士。至于举人、岁贡、秀才等，就更多了。洞庭两山因此还建有很多关于科举的牌坊，如登科坊、仙桂坊、文魁坊、进士坊、状元坊、探花坊、解元坊、会元坊等，以表彰纪念那些高中之人。洞庭人重视科举与教育，若子弟有读书天分，则族中鼓励并供给其进学，即使没有天分，也要读书来通晓古今、明白利害，懂得做人的道理，这样在经商时才能遵守商业道德，成为受人敬重的商人。

东山的第一位状元施盘，年幼家贫，跟随父亲行商，后来年仅23岁便高中状元。东山严氏中的严经，早年经商，获得一定资产后便弃贾习儒，在明弘治九年（1496）中进士，授南京刑部主事，后任河南彰德府知府。去世前只将一方砚台交给后人，希望子孙能读书仕进，严氏子孙因此命名其居为"传砚斋"。而到了乾隆四十年（1775），严福中会元，入翰林。乙卯岁（1795），福子荣，亦入翰林，官至杭州府知府。道光乙酉岁（1825），荣子良裘，又中举人，良裘胞弟良训，辛卯壬辰（1831、1832），乡会联捷，又入翰林。祖孙三代接连入选翰林，可谓光耀门楣。

倘若商人自己及子弟均无读书天分，还有一个提高门楣的途径，那便是缔结姻亲。西洞庭商人高赞，"见女儿人物整齐，且又聪明，不肯将他配个平等之，定要拣个读书君子、才貌兼全的配他，聘礼厚薄到也不论。若对头好时，就赔些妆奁嫁去，也自愿情愿。有多少豪门富室，日来求亲的。高赞访得他子弟才不压众，貌不超群，所以不曾许允"。在这种心理下，哪怕秀才钱青冒名来娶，但由于他才貌双全，高赞仍然愿意将女儿许配与他，并承诺供给钱青读书。后来钱青一举成名，高赞也完成了凤愿。

在苏州城中开玉器铺的王员外也是如此，他只有两个女儿，便想通过招赘来改换门庭。大女婿赵昂原本"是个旧家子弟，王员外与其父是通家好友"，员外将其"赘入为婿，又与他纳粟入监，指望读书成器"，谁知"赵昂一纳了监生，就扩而充之起来，把书本撒开，穿着一套阔原，终日在街上摇摆"。王员外见木匠张权的两个儿子张廷秀、张文秀"眉清目秀，齿白唇红，且又聪明勤谨"，心中十分羡慕，便想过继廷秀为子，"请个先生教他读书"，好让他"联科及第,光耀祖宗"。后来"看见廷秀勤谨读书,到有心就要把他为婿",反倒引起大女婿的嫉妒。张廷秀兄弟经历了一番磨难之后,双双进士及第,廷秀又将次子过继给王员外的后人,子孙科甲不断。

  冯梦龙继承王阳明"四民异业而同道"的思想,对经商没有鄙薄,对读书做官也没有强求,毕竟科举一途困难重重,不仅需要极高的天赋,还需要财力的支持。对于官场的黑暗、士人的堕落,冯梦龙也有清醒的认识,所以在言辞中也常常对所谓的"读书君子"有所指摘,反倒是那些勤劳、善良的手工业者、商人等"末流",得到了他的赞赏。但同时,冯梦龙给像秦重这样的正直商人安排的结局又常常是子孙繁盛,俱读书成名。这反映了冯梦龙乃至整个古代社会的"官本位"价值观,他们始终认为只有读书做官,才能光宗耀祖。在"三言"中,似高赞、王员外这般想要改换门庭的商人不在少数,除了招赘读书人为婿,他们还使子弟通过向政府纳米、纳银入国子监成为监生。监生制度始于景泰时期,监生一般都是官宦或富户的子弟,其中商人或商人子弟所占的比重很大。"三言"中有一定资本的商人或商人子弟基本都是监生,如《杜十娘怒沉百宝箱》中的徽州巨商孙富,就是南京国子监的纳粟生。而在成为监生之后,就具备了步入官场的资格,而官职也是可以用白银买到的,如王员外的女婿赵昂就买了山西平阳府洪洞县县丞的官职。可见商人潜意识里仍然是轻视自己的身份的,他们对于跻身士人阶层的渴望从未停止过。

  苏州商人或以儒入商,或以商入仕,儒商结合,亦贾亦儒,他们基本都具有较高的文化修养,读书与经商往往并重,视个人的兴趣、才能与财力而做出选择,并不强求仕进。苏州优越的地理位置,深厚的历史积淀,再加上发达的工商业的支持,才使得苏州的文化百花齐放,活力四溢。商人好儒,文人重商,商业与文化并蒂双生,苏州的文脉和商脉绵延至今,在全国依旧独领风骚。

  5. 仁义节俭,乐善好施

  盛泽机户施复在有千金家财之后,夫妻两个却"依旧省吃俭用,昼夜营运"。他所买下的左边邻居的房屋厅堂坍塌坏了,需要兴工改造。而施复"本寒微出身,辛苦作家惯了,不做财主身分,日逐也随着做工的搬瓦弄砖,拿水提泥"。在他家工作的工匠们"不晓得他是勤俭,都认做借意监工,没一个敢怠惰偷力"。正是因为他亲力亲为,发现屋中柱脚不平准而用砖去垫,才发现埋在左边中间柱脚下的银子。冯梦龙对于这个勤俭持家、吃苦耐劳而不忘本的商人是极为欣赏的,在《施润泽滩阙遇友》一篇中为他安排了数次化险为夷的情节以及两次意外之财,作为其善行的回报。

江南风俗奢靡,而"江南之侈尤莫过于三吴","吴俗习奢华,乐奇异,人情皆观赴焉。吴制服而华,以为非是弗文也;吴制器而美,以为非是弗珍也。四方重吴服,而吴益工于服;四方贵吴器,而吴益工于器。是吴俗之侈者愈侈,而四方之观赴于吴者,又安能挽而之俭也"①。苏州的奢侈之风由来已久,而历代郡守不能止。由此观之,施复这种简朴的作风十分难得。

不同于吴地的奢华,洞庭两山"不事奢侈,重祀法,家累万金,犹折节为俭,从无钱雄自大、沐猴而冠之事"②。苏州其他地区喜好美衣鲜食、饮酒燕会,丧葬嫁娶铺张靡费,王维德在《林屋民风》中说,洞庭山"世俗所戴狐骚帽及沙罗绮丽之衣不用,近世虽有用者亦少。家累万金,终身不肯服裘服。妇人首饰惟银器,珍珠宝贝无之。男女衣着,贫富亦无甚差别。平居率青衣布袜,宴会则服杜织绸衣","嫁女娶妇皆近村,比境如古朱陈之类,从不远适他处。所重门户相当,媒妁一言,欣然就聘,财礼飡赠概不较"③。

总的说来,洞庭"无淫冶之习,无靡曼之声,无美衣食",也没有游手好闲、斗鸡走狗、好勇斗狠、赌博健讼之流,"家给人足而无不测之忧"④。当然,随着洞庭两山经商之风愈盛,商业资本愈多,这种简朴的作风也渐渐为奢靡之风取代,东山之浮靡甚于西山,到了

---

① 张瀚.松窗梦语[M].上海:上海古籍出版社,1986:67.
② 王维德.林屋民风[M]//张智.中国风土志丛刊:第42册.扬州:广陵书社,2003:392.
③ 王维德.林屋民风[M]//张智.中国风土志丛刊:第42册.扬州:广陵书社,2003:389.
④ 王维德.林屋民风[M]//张智.中国风土志丛刊:第42册.扬州:广陵书社,2003:400.

更为难得的是,洞庭人无论"贫富皆亲荷锄,九十月筑场纳禾,村墟不绝。春岁秒木叶脱落,黄茅白苇,樵者负担相望。土沃民勤,其天性也。故男子生十余岁即知稼穑艰难,富家资蓄千金,而樵汲树艺未尝废云"①。即王维德所谓"以末致财,用本守之",因此洞庭两山"无素封之家,亦无冻馁之人"②。

徐阿寄凭借灵活精明的经营手段,将十二两本钱做到二千余金,他算计道:"我一个孤身老儿,带着许多财物,不是耍处!倘有差跌,前功尽弃。况且年近岁逼,家中必然悬望,不如回去,商议置买些田产,做了根本,将余下的再出来运弄。"经商毕竟有风险,再厉害的商人也无法保证每笔生意都能成功赚钱,买田置地则是险中求稳、减少风险的首要手段。

节俭并不意味着吝啬抠门,施复自己省吃俭用、亲自劳作,但他对他人是乐善好施的,"凡力量做得的好事,便竭力为之;做不得的,他也不敢勉强,因此里中遂有长者之名"。冯梦龙对于施复这样节俭而行善的商人自然是大加赞扬的,对于那些家产千金却一毛不拔的富商则毫不留情地为他们安排了悲惨的结局,希望以此勉励世人力所能及地帮助他人。

洞庭两山的商人对于财富看得并不重,他们常常仗义疏财,赈济灾民。东山的翁参,客清源经商时,"岁大疫,死者相枕,参买地郭外,为丛冢瘗之。建东狱行祠,即其内延,耆宿训诲。闾里义声震齐鲁间。既归,吴郡守县令闻其名,往往咨之以事"③。嘉靖年间,倭寇入侵,西洞庭先遭其祸,翁参出家财募集乡中勇者抵御,东山赖以得保全。又东洞庭山严氏,明季以赀雄于乡,顺治乙酉(1645)以赈济难民倾其家。

钱泳《履园丛话》载,席端攀之子席本祯,字康侯,"适当明季,蝗旱不登,饿殍载道,而齐鲁幽燕之区为尤甚。康侯以为畿辅重地也,不可饥馑,乃日夜焦心,思所以赈济之法","遂散家财,走襄

---

① 王维德.林屋民风[M]//中国风土志丛刊42.扬州:广陵书社,2003:388-389.
② 王维德.林屋民风[M]//中国风土志丛刊42.扬州:广陵书社,2003:392.
③ 王维德.林屋民风[M]//中国风土志丛刊42.扬州:广陵书社,2003:498.

樊,挽粟数十万石,普为赈救","当事者以上闻,帝喜,授中书舍人,晋太仆少卿,以风励天下"。他更具体的义行则是:

> 闻兖东被燹,暴露骸骨数十万,募人而悉掩之。知亲旧逋者不能偿,契券数千纸,一旦而悉焚之。至于涂穷计尽之辈,则呼而周之;命悬丝缕之人,则助而救之;迷津难渡,则具舟楫以济之;峻岭难行,则甃道路以坦之。有郡邑黉宫,倾颓朽坏,塈茨而丹雘之,孔道奋迹,门楼表坊,有轻弃而贱售者,倍其价而存之。墓以封也,树以表也,有伐树而削墓者,厚其遗而使人守之。凡此忠君恤民、利人利物之事,指不胜屈。说者谓比之陶朱公输财亲党,卜大夫毁家助边,康侯(席本祯字)实有过之。①

席本祯救济生病之人,修路备船以助人行走,还安葬死者,种种义行令人敬佩,钱泳还称赞其有过于陶朱公和卜式。除了赈济灾民,席本祯还为维护洞庭乃至太湖一代的安定贡献力量。清兵南下之后,吴地一些人乘机倡言起义,实则从事匪盗之行,席本祯于是募集乡勇数千人以助当时者破之。当流寇袭击时,朝廷发兵防御,却因为兵粮不继而导致戍卒哗然。席本祯闻之,立即以十万两银子为盐菜费,以此抚慰乱兵,情势才得到控制。时人将之比为陶朱公,并不为过。

他们的义行也一代代地传承了下去,如翁参的曾孙翁彦博,明清之际时"山中奸徒作乱乡里,有焚劫之祸。彦博倡率好义者殱其渠魁,一山始获晏然"②,钱谦益也为他撰写墓表。席本祯之子启图,"好施与行善,有才力。其教东山人行纺织,冗费悉出己橐,期年而业成。至于槥死、梁涉、餔馁、絮冻,施惠于一乡者无算。其殁也,乡人哭吊者盈门"。他还著有《畜德录》,汪琬称他"可谓有德

---

① 钱泳.履园丛话[M]//笔记小说大观:2编.台北:台湾新兴书局,1978:2586-2587.
② 王维德.林屋民风[M]//张智.中国风土志丛刊:第42册.扬州:广陵书社,2003:499.

有言之君子也"①。

  冯梦龙在"三言"中对为富不仁者极为鄙弃,为他们安排了家破人亡的结局,以此警示读者。正面讴歌的"义商""德商",如施复之类,他们即便有万贯家财,也依旧勤劳简朴,并能急人之所急,乐善好施,助人为乐。洞庭商人的善举则更有计划,规模也更大,乃至于散尽家财,其义行甚至得到了朝廷的表彰。他们还勇于出财出力抗击贼寇,保卫自己的家乡,维护了洞庭的安定繁荣。

  在市场经济繁荣发展的今天,我们除了要借鉴国外的先进经验,更要立足于本国经商传统,从"三言"的商贾小说中发掘出具有中国特色的商业智慧与商业文化,吸取先辈们的经验和教训,弘扬传统商业美德。苏州自明代以来就是全国重要的经济和文化中心,洞庭商帮直至近现代仍然活跃在商业舞台上,他们的商业经验,他们的精神内涵,是留给我们的宝贵财富。他们教会我们洞察商机变幻,践行商业道德,履行社会责任,由此成为真正具有时代影响力的商人,乃至于完善经济制度,推动经济的繁荣发展。

四、小结

  冯梦龙在明代经济热潮以及心学的影响下,对商业和商人持有公正态度,小说里形形色色的商人,从来源、类别和籍贯来看其形象具有多样性,且他们的性格、经商活动都根据各自的背景、籍贯等来塑造,虽然是虚构的人物,但某种程度上也是现实的真实写照。但值得注意的是,在明代,商人的地位并没有得到根本改变,"三言"中对商人商业的赞扬只是个别现象。

  冯梦龙在"三言"中的商贾小说里反映了明中后期市民对财富的追求以及对发迹的向往,塑造了很多正面的商人形象,体现了冯梦龙进步的商业思想。这些商人的经历为我们展现了当时社会的商业面貌,更为我们展现了传统的商业智慧和商业文化,对于今天市场经济的发展有很好的启发。作为"三言"中的一部分,商贾小

---

① 王维德.林屋民风[M]//张智.中国风土志丛刊:第42册.扬州:广陵书社,2003:502.

说也履行了冯梦龙警醒世人、惩恶扬善的宗旨,他极为强调商业道德,往往采取因果报应的手段来达到目的,虽然有迷信的成分,但瑕不掩瑜。商业智慧与商业道德的结合才能令商人成为真正的富有者,商业文化则是其依托。特别是苏州的商人和商业,诞生于这片经济繁荣、文化兴盛的土地,具有独特的聪明智慧和风雅气韵,使得苏州成为全国经济的窗口、文化的窗口,其典型意义非同一般。

(作者系苏州大学文学院2013级古代文学专业研究生)

冯梦龙山歌中的吴方言解释

——《山歌》卷一中的吴语解释

虞永良

冯梦龙是明代民间文学家,俗文学的巨匠,他收集了许多山歌。首先,对于什么是山歌,众说纷纭,从字面上理解就是山村田夫之歌谣。山歌是史前先民对所有歌谣的总称,原始先民认为山的形态是地气的上升;那么歌的形态是像山一样的人气挥发,于是山歌成了歌谣的本名。无论是平原山区,还是海边湖畔,民之所唱统称山歌。而后,精雕细琢,经文人之手,为之诗,诗出于民歌,便成为诗歌的经典,曰《诗经》。山歌在流变,但大部分万变不离其宗,不少地方山歌之名沿袭至今。

用吴语唱的吴地山歌,简称吴歌。在田里唱的叫田歌,农民唱的叫农歌,渔民唱的叫渔歌,湖州人唱的叫湖州歌,湖北人唱的叫楚歌。

山歌中有小调,这是流变的形态。山歌是流动的、活态的,没有定势。山歌有调,但不是千篇一律的,有节拍,但没有规定的乐谱。山歌手能自由发挥,可长可短,可高可低,根据当时的心情、发挥的程度,可加衬词,也可加白,还可在第三句用快板来唱,但四句的章节万古不变:第三句可长可短没有定式,第四句是休调,曲曲如此。有的流变成六句,便为小曲小调。

冯梦龙在吴地收的山歌,用吴语记录,呈现了当时的情景语境。然而事隔三百余年,一般文人难以读懂,不在吴地生活二三十年根本无法全解。冯梦龙记了音,但又不达意;记了意,却又不达音。若要全解,既要通晓吴语,又要明了它的语境。本文就冯氏收集山歌中的吴语做一解释,将解释偏错的进行纠正,使山歌中的意境不致曲解。

《挂枝儿》用的方言俗语很少,是城市下层低文化市民的歌唱。山歌是田夫野竖矢口寄兴之所为。它比喻、比兴丰富生动,双关语贴切。思想上无所顾忌,述男女之事如此高雅,读之、唱之,并不乱性,而是一种关乎自然美的享受。他们无意识的歌唱,感知了人与大自然无限的和美。

冯梦龙收集的山歌都是从苏州郊外的农村里收集来的,包括常熟、吴县、昆山、吴江等地,这些地方都是美丽的江南水乡环境,保留着许多原始的方言。由于水流的阻隔,还有些是小地域方言,比较难懂。有人释对了一部分,而有的方言土语完全释错。为了更全面地理解方言,读懂山歌的意境,领略山歌的艺术魅力,必须深入吴方言的语境之中,这样才能看到最真实的图解和完美的意象。

《笑》 首句"东南风起打斜来"是起兴。东南方向是斜对角,东南风是江南常见的江海上吹来的温润的风,无关邪情。在这温和的风中,引出了一个如花似玉的少妇,她迎着温和的春风,站在桃花下心情愉快地微笑着。古代女子不能对陌生人随意地微笑,结识私情是从笑开始的。

《睃》 这首山歌是描写刚结识的情人小伙,要与女子求欢,而女子劝慰他不要性急,慢慢来。"睃"在吴方言中是寻找的意思。吴有俗语:"千睃万睃,睃着一个对鸡瞎眼。"意即找来找去,找不到好的男人,还是追求实在点的好。"竢",痴呆,愚蠢。"呆",呆头呆脑。"得"是衬托词,是唱时加进去的,有人不衬。"网眼""梭"都是双关语,意谓要找意中人,主要靠眼力。要千睃万睃才能找到真正的意中人。

冯在后面附了一首《十六不谐》山歌小调,十六不谐,谐是和合、协调之意,不谐,就是不协调。吴人在歌唱时,有时一些音不太正确,连土生土长的人也会记错,反复推敲后,才得其正义。前三字重复,"一"加重语气,"二"组成一个乐句,这种风格在河阳山歌中也经常出现。这首歌第三句、第四句合为一个章句,应是念白。唱第四句,就是重复第三句,也是山歌的休调。用老的杨柳青调,即折杨柳调来歌唱。

多采用歇后语句式,生动活泼,比喻双关,耐人寻味。大胆热烈追求自然的真爱,以彼物比作此物。这首山歌是自然主义的艺术杰作,然而很多人理解错了。其中十四不谐的"渡了罢",即结束之意。"月荒"意谓不要心急慌乱。"傀儡",不是木偶,当然木偶戏也称作傀儡戏,此处是指江湖杂耍的艺人,喜变各种花样。"缯"与"罾"同音,前者是丝织品,后者是渔网,古代,母只给少女做婚前之教,而父不教子亲狎之举,故有《十六不谐》之出,比北方的《十和解》更细腻、生动。

《看(之一)》 这位情郎约见情人,却犯了一个错误。只要从门前走过莫回头,女的看见便会到后门头相见。但他回头一看,被她的丈夫看见,女的就不敢到后门头去约会。"清昏个",吴语又谓痴呆汉。

《看(之二)》 "浜"不是小沟,而是江南每个自然村为通船或农田引水而开凿的河浜。一头通塘浦,另一头不通,俗称死浜梢。"挪",文人语,吴语中的意思是戳在手上。

《骚(之一)》 "红主腰",不是束腰的内衣,也不叫抹胸、背心,而是单片的围单,吴人又俗称腰裙片。明代吴地女子装束,在胜浦一带仍流传。少女用,一般是丝绸做的,自己绣花,随风飘曳,很是漂亮,显示少女的柔性、多情与光彩。老年人上灶用的围身一般用土布制作。民间临时搭建的中空的支架谓棚,如丝瓜棚等,"搭棚"是指把头发梳得像搭的棚一样,中间空卷起来,上面抹上刨花水,看上去光亮水灵。又叫棚棚头。富贵女子插满了金钗银钗,唐人谓"小山金明灭"。"跳板上的栏杆——啥样桥(娇)",这是河阳一带的歇后语,比喻少女的娇嫩。"搭棚",在河阳方言中有搭腔、攀谈之意。"水鬓",吴语又谓前白苏,即前刘海。这句可解为与这个少女攀谈有点心神不定。"个星",是指这些,不是指单个。"个个"指单个。"再是"应解为才是。

《骚(之二)》 "真当",真个,是怀疑以后的肯定。"路"双关"橹",又是男根之谐音。橹穴与橹人头,吴人常比之男女之事。闑,音叶,通拽,吴人谓轻轻地掩上门之意。"遭",即次。这首是批评放浪的女子。

《骚（之三）》 吴地平民，有草屋三间，稍富的人有东西院堂，东为灶，西为养禽畜之处，"大门前"即中间一间。河阳的方言称"大前"。"冷眼捉人瞧"，"冷眼"是双目半开；"捉"，吴方言为惹人之意，是故意吸引人，含有贬义。"套"，双关语，指大家知道的老字号饭店。"弗俏招"，"招"不是打招呼的客套，而是不需要去招揽客人。"俏招"，又指用美人去招揽客人。"木拖"，在20世纪50年代之前，江南农村人民都喜欢穿木拖鞋，节约耐穿，并不是浴池专用。浴池多用关丝草做的拖鞋，走起来无声响。

《骚（之四）》 "艄"，双关"骚"，躁动的青春烈火，在情郎的癫狂中完全烟消云散。

《弗骚》 第一等快船是帆船，吴人称扯篷船。第二等快船是用双枝橹的。有本领的拳师总是不先出手的，这是山歌中的反正格，指事实常被表面现象掩盖。吴地俗语"会捉老虫（鼠）猫勿响"也是相同的意思。这首山歌指内向的大家闺秀。

《学样》 "侪来"，吴语又说"才来"，是都来的意思。"搭结"，吴语，搭是初识、初交，结已是感情很深，时间较长，从搭到结有一段时间，故称搭结私情。"豁洗"，吴语是指工作勤快。"豁浴"，河阳方言称"录浴"。吴语区也有称"豁浴"的，但没有称"豁洗"的。清洁马桶用的工具叫马桶豁洗。"靛池豁洗"，指在染青缸里洗衣服。

《做人情》 "子"，河阳方言读"只"，春秋时代也作为虚词或尾词，如帽只、桃只等。古河阳风俗，18岁以后的未嫁女称老姐，到了20、21则更使人着急了。"人情"不是爱情，而是人情世故，应该是要自己想办法寻找意中人。这首指要抓住婚配的时间、机会，要求不要太高，否则到后来会变成无人问津的老大姐。

《无郎（之一）》 "黄连抹子猪头——苦脑子"是在山歌中常见的歇后语格式。指无郎相伴的苦恼人。下面一句"好像个败落山门无子廊"，谐音"无郎"。古代建筑，山门里一般有长廊相连，切中主题无郎。河阳方言，苦脑子读为苦脑只，就是苦恼的意思，别无他意。

《无郎(之二)》 "介个",吴语,这个。"啰里",哪里,河阳方言又言"录里"。"还子渠",还给她。"闲来搭",也指婚配后女子归宁省亲,在家空闲的丈夫与别人相结识。第三句用了地域方位的急口歌,很是有趣。吴人东西方向谓竖头,南北方向谓横头。泛指四方。这是冬天无郎相伴的女子的苦恼情状,很是风趣。

《熬》 "登",不是指等,而是指在那里。这个女子睡不着,从床上下来,坐在踏床上。踏床不是简易木凳,而是明清时代的一种大床,是富贵人家的床,与踏脚板连在一起的称踏床,前后都有的称双踏床。踏床头顶处放柜子,里面放内衣裤,上面放灯盏、茶杯和零食。靠后放置马桶。此处的少女正是生长在富贵之家。这是初春季节,杨树苞芽时,天气很冷,她感到孤苦,跟监狱里的罪人一样苦。"薰金",不是镀金而是鎏金,明代没有镀金工艺。在银上鎏金,要当心烫坏银胎,熬坏了银,双关"人"。"人",吴地读如"银"。

《寻郎》 "寻个",是吴语,即找一个。寻个情哥郎不能断句成"寻/个情哥郎",而应该是"寻个/情哥郎",意思是找一个情哥郎。

《作难》 "今日四,明朝三"是吴地俗语,指反复变化。"有介多呵难",俗语,又谓"多该难",也可读为"有介多个难"。"介多",吴语,更多,俗称"加宜多"。"呵",语助词,俗呼"个"。笋,常用来比作男根。"牵板",吴地俗语,意思是经常提起这件事。

《等(之一)》 "来里",吴语又写作"勒里",即在这个地方。第四句,应该解释为"你再不来,我春心荡漾,要窃看人家的床事。""偷光",吴地俗语又谓听壁脚,即偷看别人相交。"趁火",趁着室内的灯火,去看室内人的举动。"砖"谐音"专",专门。

《等(之二)》 栀子花春天开放洁白浓香,山歌常作起兴之物。"扳窗",指推开窗把住窗槛,望着太阳落下去,这里表现少女焦急之情态。

《月上(之一)》 "咦",不是"夷",而是冯记音,即"他",常熟方言读"渠"。或记作"伊"。第二个"咦"作"夷",作"又"解。

《月上(之二)》 此歌曲解错的人亦多,少女约郎等到月上天,没有情哥到来,却等来了一个借住夜的客人,少女宁愿把自己住的房子让给他,不愿意他住在大门前,挡住他的情哥。自己睡在大门前的榻几上,真心、焦心之极。古吴风俗,客商、游子借住夜不能拒绝。古代聚落稀少,借住夜、来客为人丁兴旺之象。"僭",吴语读如"荐",占有之意,如"侬僭只我一尺地"。冯记音不达意。

《引(之一)》 原诗为"郎见子姐儿再来搭殷了殷"。"殷",冯记"音",后改作"引",引字土音读殷,指以言语勾引,一次又一次。"搭引",用言语或行动勾引。"了引",又"来引"。柄,磨子无心,都是比喻男根。意思是要这个情郎拿出行动来,以解她的饥渴。假如没有这行动,还不如灯媒落在水里,还有"测"的声音。"测",象声词,即"测"的一声。"能",吴地语助词,河阳方言里经常用到,如"好好能"。

《引(之二)》 乘凉时,情郎走到前面,用手招了一下,即"引一引"。被娘看到了,她假装去捕捉萤火虫,还唱着"娘来里"的童谣,一想不对,情郎更误会娘在身边。于是改唱"风婆婆草里登"。提示情人蹲在外面草地里等她。

《走》 "厫",不是粮库,而是明清构建中主屋两边的厫间,又称作厢房,一般用作仓房。河阳山歌中有《十熬郎》歌。吴地俗称"熬一熬",是指精神上再忍一忍,而不是时间上再等一等。"标",谐音"瞟"。

《半夜》 "捉个",吴语,捉正,又言性正,拣正之意。"野猫",吴人泛指晚上偷腥的人。"偷腥",吴人指野合之男。"赶",这里不是赶走,而是相会,与赶集、赶会同义,即出外与情人相会。

《娘咳嗽》 "吃",吴语与今"吃红灯""吃官司"同义,即碰着之意。"呆",吴音读如"艾"。"丫髻两分开",明清时代少女的梳头式样,又叫打打齐,在头的两边各梳一个圆形状发髻。意即两人听见娘的咳嗽只能分开。

《瞒娘(之一)》 "巡检司",明清时代管地方治安的机构。"失子",吴人"子"读如"只",作虚词及尾词,"失",即"出"之转音。"失子",一般记作"出只"。"晓夜",吴人又作"连夜",即白天黑夜。"看",吴地俗语谓看守。

《瞒娘(之二)》　"铁线",即铁签、铁捧,不是铁筅,屠夫用于杀猪,粗长。"哩介",吴语又谓"里个",虚词。娘睡在脚跟头,也没有看守好女儿与情人私会,两人一切举动变得轻慢。

《扯布裙》　"衔",冯记错,应是"姐"。"一遭",吴语即一次。

《乖》　这一首很多人完全不明、解错。这个女儿与情人在家里相会,被娘发现。娘晚上用石灰筛在地面上。如果发现两个人的脚印,就要责打女儿,而这个女儿更乖巧,拼命用力驮郎上床,驮郎下床,娘只发现她一个人的脚印。

《看星(之一)》　"灰",指植物灰,古代没有肥皂,即用植物灰来洗衣服。河阳地区主要用蚕豆壳、杆、皂结(紫藤花结的果荚)烧成的灰来洗衣服。一般浸泡1小时左右即洗清。这里用"晓夜",有两层意思,一是立即,二是一夜功夫。说明娘冤枉她看情郎这件事,难以分辨清。"咦"是虚词,带有惊异与疑问的意味。而"夷",在吴语中与"伊"发音同,是第三人称,一般写作伊,此处指"她"。"夷",东夷族,是吴地的先民,方言中仍留有先民的印记。

《看星(之二)》　这首是借看星而看情郎。"无介",吴语,没有这样表示。"得知得快",吴语,即知道得很快。"过来人",指也有这样的经历的人。

《娘打(之一)》　"黄丝草",田字苹。"跛搭来",轻脚轻手,慢慢地走来。黄丝草没有根飘来飘去,有天来养活;荷花有根,有藕船人来采藕;而我与情郎却难得相见一次,又要遭娘打骂,人不及黄花草也。荷花自比有根之人,"藕船"谐音"偶然"。

《娘打(之二)》　"索性",吴语指故意。"累子",吴语又谓"塌累",指弄脏。"鏖糟",吴语又写作"奥糟",指肮脏。"挤得洗",即已经脏了,总归要洗,再弄脏点无所为,不是指干脆不洗。"连底湖胶",不是指湖底冰冻。"湖",应写作"糊",即二层以上东西胶合起来。"连底",指从上到下。即一次一次的约会中,一次次的打骂,也打不开一对好鸳鸯。

《娘打(之三)》　这首山歌中的郎经常讲情爱的故事,也许讲了《牛郎织女》《梁祝》《白蛇传》等,女的也听得动心,志同道合。"来",吴语又写作"勒",在的意思。"羞",指用手指刮脸皮,意即不要脸。

《瞒夫(之一)》 "断帘",是捕鱼器具,冯记错。"断"应写作"簖",是用竹制的帘子拦河的捕鱼器具。清代洪亮吉《与孙季逑书》:"鱼田半顷,围此蟹簖。""张"不是"障"的记音代写字。吴语中,"张"是张网、张簖捕捉之意。"鳗"谐音"瞒",指不让人知道。"脐",是蟹腹下的部分,也是分辨雌雄的部分。圆形的为雌蟹,尖状的为雄蟹。"吃了多少鳗",即瞒骗了很多次。

《瞒夫(之二)》 "拍面",吴语,即面对面,迎面,不是碰面。"黄豆大青梅",指刚结成的小梅子,又酸又苦。"冷饭无茶噎噎里介来",形容情歌迎面而来,走得很慢,走走停停,既怕别人看见,又要瞒情人的丈夫。而心急的少妇,却焦躁不安,急于与情人相会,其情其景真实生动。"再吃",吴语,再次被,再次给。"子了",虚词。

《打双陆》 "双陆",是中国古代博戏之一,始于天竺流于曹魏,盛于梁、陈、隋、唐之间,至宋、明在吴地农村仍很流行。棋盘是围棋盘的一半而略长,各刻有半月形的门。二人对局,棋子黑、白各15粒。掷骰子而后行子。"我里个人",吴地女子对丈夫的称呼。男子称妻子为"我里个堂客""堂娘娘"。"我里",又写作"吾里"。"白罗",白色的绫罗。双陆棋甲方一子把门,而后甲方又一子上去,吃掉乙方两颗子,便言捉两个。织布少妇误为捉她与情夫,所以满身出冷汗。

《瞒人(之一)》 "两闪开",即不答话,擦肩而过。这首山歌表现了日常生活中,有情人装陌路客,以掩饰自己的私情相会。"特乱特乱"不是象声词,而是方位词,河阳方言有"一特乱转",还有骂人话"促特乱乱",指四面八方,一周。连续转圈为"特乱特乱"。

《瞒人(之二)》 "寻",吴方言为仔细地找,也言"睃"。"洞庭",此洞庭指苏州太湖里的洞庭西山,不是湖南的洞庭湖。本篇用相骂来掩饰私情。"拔出子拳头只说打",是嘴里说打,其实不是真打,用心良苦。

《瞒人(之三)》 "老鸦",吴地俗称乌鹊,视为不吉之鸟,喜在尾角上鸣叫。吴人认为出门碰到其叫,即为不吉而不出行。一清早最先叫的即是此鸟。这里比作闲人的嘴,不守秘密,天一亮大家就都知道了。

《瞒人(之四)》 "颠倒",吴语又言"顶倒",即倒过来穿鞋,脚跟在前,脚尖在后。别人见脚印,只知屋里人走出去,不知道屋里情人正在相会。

《赠物(之一)》 "掭",是古代妇女的首饰,形同木梳,齿细而密,有压发、梳发、除尘之功能。"仰面掭尘",是用掭在当面梳除头上的尘埃,容易使尘埃落在自己的眼睛里,意即被人家看见。"算盘跌碎",珠子抛满街路,"珠"谐音"知"。"满街珠子",即大家都知道。这一句也是山歌中的歇后语形式。

《赠物(之二)》 古代在板窗、蛎壳窗里面装绿纱窗,防蚊又通风。"汗巾",即手帕。"寿器",不是陈旧棺材,而是老人为自己准备的棺材。吴俗棺材先做,反而人活得长寿,故叫寿器,或寿材。"剥灰",指剥掉油漆灰,反而露出了麻布。"老阴阳",吴地指算命先生一类的人。"新坟",谐音,新闻。明清时代只说"新文"。赠物而露出私情,画蛇添足,适得其反。"材",棺材,谐音吴语"才",全部。

《捉奸(之一)》 "未曾曾",吴语叠音词,指没有做过,没有发生过,即一样事都没有发生过,一点亲热举动都没有。也可记为"未着身"。"咦",吴语又。"鼺",臭泥,没有完全腐蚀的烂污泥。"结的菱也有一股鼺臭味,出弗得好香菱","香菱",谐音"乡邻"。

冯后面又附了三首山歌。"未着身",指没有发生过性关系。"无钱",指典当双方有契约,没有给你钱,你就没有当东西,意思是两者没有什么关系。"明",谐音"名",名字。"授记",冯记错,应是"授计"。"梅香",一般指丫鬟。"授计梅香",指主人与他人发生关系后,告诉丫鬟,处处说话要小心。"说嘴个婆娘",指能说会道,强势的女人。"讨银精","银"谐音"人"。"讨人精",即被人讨厌的门槛精的人。

《捉奸(之二)》 "并胆同心","并胆",指二人之心相同,肝胆相照。"啰",吴语,哪个。两个人像一个人一样,咬钉嚼铁要配成婚,哪怕闲人来捉双。

《捉奸(之三)》　这首似乎是文人所作,冯注明是友人苏子忠所作。整首都充满泥土气息,实是山歌手为之。

《捉头》　"闲神野鬼",指管闲事的人。"把住后门",准备捉情郎。"眼里火",吴语,又为"眼红",因嫉妒而生。"搠破灯笼——个个眼里火",歇后语句式。"囊家",即庄家。"捉头",即抽头,即赢家抽取一定的钱。这里的"头"指男人,即情郎,并不是以捉奸谋利。

《失瞌》　"瞌",又写作"目忽"。吴语,睡了醒一次称一瞌。"失瞌",指该醒未醒,不知不觉天大亮了。"大天光",吴语,指天已亮了很久。天亮以后,人们开始活动,陌生的情郎无法一个人走出来。于是,两个人都慌乱起来。"鸳鸯鸭蛋",指双黄蛋,第四句也是歇后语格式,"月荒"双关"慌"。

《孕(之一)》　"绽笑开",吴语,果实长成熟而自己弹开来,凤仙花籽成熟时自动弹开,这是一种植物的传播功能。"笑开",吴语又谓消开、裂开。这里指怀孕足月孩子生养下来,就无法隐藏下去,不是寓言孕。"拭",吴地山歌手一般唱"揩得破",不用"拭",这是文人修饰过的语言。

《孕(之二)》　"裙腰",即腰裙,为了韵脚而倒装。肚子一天天大起来,腰裙也变短了。肚里的孩子一天天长大,自然的,奶头也越来越高,意即要临产了。"子大奶头高",用一个孕字来表达,暗藏着喜事。末句是山歌中的字谜法。

《孕(之三)》　"路来",指路上,吴语或言"路浪"。"行来",指走路,逐步移,一步一步慢慢地走。"满肚泥",吴人称小腿上丰满的肌肉为"膀肚只"。耘稻时,小腿上会沾上泥。谷雨在农历的四月,怀孕到六月,已有两个月了,所以已显出怀孕的形状了。"满肚泥","泥"谐音"疑",指已看出怀孕了。

《孕(之四)》　"沙婆树",吴地称月中的桂花树为沙婆树,这种树是世上没有的。河阳民间故事,吴刚是管理月亮上的神。嫦娥奔月后,见她异常美丽,就调戏她。被玉皇大帝知道后,惩罚他在院内锯沙婆树。这树就是奇怪,刚锯开一半,一会儿就长好。于是对吴刚的惩罚没有终结。直到现在,他还在月宫里锯这棵树。锯倒之日,就能恢复自由之身。这故事是警告世人不要调戏妇女。本句意思是情郎没有负起责任,而自己的身孕已到了满十月的时候,一点也瞒不过家人了,只能焦急地等待情郎来迎娶了。"踏月"谐音"达月",吴语,即满月。

《孕(之五)》 肚痛当作感冒,喝了姜汤却生了个小孩郎。"小孩郎","孩"与"害"谐音,吴地又称私囡。

《孕(之六)》 "小风流",指私房小孩。"罗帐里无郎",指没有结婚。"那亨留",怎么能留下来。只好用蒲席包好,扔进荷花池里。"丠",读如"笃",吴语,丢弃物为丠。"跌心头",吴语,心疼至极之意。

《孕(之七)》 "只有",吴语,指产生了这桩事,没有办法。与"只因"为同解,没有误记,山歌手唱时为"只有"。这首山歌是准备打胎时,对肚子里的小风流种说的,要这个小生命,待到她与情郎成亲日,再投胎到她腹中。歌唱时用苦调,凄婉之极,催人泪下。

《不孕》 "赛过天","赛",冯记错,或后人刻错,应是"瞒过天"。"接香烟",指传宗接代。石灰船中仓装石灰,从船头走到船尾,要踩着白色石灰,平基板上只有白色脚印。意即白白里过两三年。看来这个男子,要女人有孕才能结婚,是负心男,女人不孕也是苦。这是首哀怨的山歌。

这是冯梦龙《山歌》中卷一的解释,参照刘瑞明先生注释的《冯梦龙民歌集三种注释》,原诗不变,而作些吴方言的解释,以使人全面地了解、读懂吴地山歌。刘先生下了不少苦功。许多吴方言在流变。特别是城镇,随着文化人的增多,有些方言灭失了,但仍然保存在水乡的农耕圈内。河阳方言保留了好多古代方言与读音。例如,冯记录的"子",河阳方言记作"只",作为虚词式尾词。吴方言探源与记录,应当找长期生活在农村的50岁以上的老年人,他们说的才是最真实的吴方言。吴方言区是一个大的方言区,而冯梦龙记录的山歌,应在苏州北郊至常熟一带。某些方言,记了音就忽略了意,记了意就音不准,正是两难。而且他本人也是个文人,山歌记得真实,但难免也有部分记错。三百年来,在农耕圈,方言流变是不大的,在城镇或靠近城镇的郊区流变大一点。如河阳方言中的"刑天唯知""沸翻刑天",保存了千年的传承。还有如"利市"在明代作男根解,但到了清末民初,却成了吉祥语。但在河阳方言中,"发利市"却又成了不吉之语。研究方言还要在语境中探索。研究方言,成了一门综合的学问。

(作者系中国民间文艺家协会委员、吴歌学会委员,研究河阳山歌五十余年)

周作人论冯梦龙辑录的笑话和山歌

薛元荣

冯梦龙字子犹,别号墨憨斋主人。他是明末的秀才,其时代在李卓吾与金圣叹之间。周作人说"(冯的)地位则在两者之上,是明季俗文学的一个主帅"。周作人认为,王充、李卓吾和俞理初是"中国思想界的三盏明灯"。所谓的地位在李金之上,应是指文学成就,尤其是"俗文学"。冯梦龙的著述有《墨憨斋传奇》十种,又《喻世明言》《警世通言》《醒世恒言》等,共计古今短篇小说120篇。此外杂著还不少,他编有《古今谈概》一书,集史传笑谈之大成,至清初经人删改,名《笑话史》,有李笠翁的序文。

一、周作人论冯梦龙辑录的笑话

笑话古已有之,但因为俗,为士大夫所看不起,不复见著录。在历史上,正统的文人一般很少关注笑话,不屑笑话,更鲜有人搜集笑话。然而,周作人认为,笑话自有其地位。笑话的地位主要体现在文艺和民俗学上。我们平素读到的"揠苗助长"等大约是笑话的"前辈"了。到了宋朝,其他俗文学取得了一定发展,但笑话在文学上的地位似乎没落了。明代中期,王学与禅宗得势之后,思想解放影响及于文艺,冯梦龙编《笑府》13卷,笑话又能得附小说戏剧的末座了——虽说是"末座",但总算有座了。然而,朝代更迭,圣道复兴,李卓吾与公安竟陵悉为禁书,墨憨斋之名亦埋没于尘土下,《笑府》死而复活为《笑林广记》,永列为下等书,不为读书人齿。周作人认为,这是很不公道的。

周作人欣赏冯梦龙的"俗",尤其欣赏冯氏所搜集记录的笑话、山歌等,以为冯梦龙辑录的笑话为后人保存了宝贵的"普通人"的喜怒哀乐,也使笑话在文艺和民俗学上恢复了一点地位。在周作人看来,笑话至少有四个用处。第一,说理论事,举例以明,在笑中让人"心悦意服",比之于寓言。第二,会饮谈天,说鬼道神,可以解闷,可以解忧;人不能总处于紧张的工作和生活中,也需要调节,笑话无疑是最经济的手段。第三,当作文学看,这是故事之一,是滑稽小说的萌芽,或许也可能是枝叶。周作人认为中国滑稽小说颇为不发达,因为笑话显得孤苦伶仃。滑稽小说之不发达,大约和凄苦忍耐的民族性有关。第四,笑话里藏着民俗学的好资料。与歌谣、故事、谚语一样,笑话是人民所感的表示,凡生活情形、风土习惯、性情好恶,皆自然流露。笑话鲜有加工的,笑话,最接地气,直接彻透,无意中保存了大量民俗原料。如对小脚的嗜好,固为社会上明白的事实,且为诗文歌谣弹词戏剧随处赞美,再看笑话,则美刺俱备,而男子对小脚之感情也大明了。有些笑话,无意中保留了好些风俗琐事,是大可喜的事。有的笑话,有苦辣的讽刺小说的风味。

　　查《冯梦龙全集》(江苏凤凰出版社出版)中的《广笑府》,共13卷,末为"附录"。卷一"儒箴",收48则;卷二"官箴",收27则;卷三"九流",收24则;卷四"方外",收15则;卷五"口腹",收68则;卷六"风怀",收24则;卷七"贪吞",收9则;卷八"尚气",收25则;卷九"偏驳",收38则;卷十"嘲谑",收41则;卷十一"讽谏",收19则;卷12"形体",收16则;卷十三"杂记",收9则;附录"隐语",收39则。总合起来,又可以简单地分作两大类:挖苦和猥亵。如挖苦呆女婿的故事,以两性关系为材料,则听者之笑不在其呆,而在猥亵。冯梦龙辑录的笑话中,对于违反习俗、改变常态的事物与言行多感兴趣,虽因此一笑了之,笑中可见民众之视野狭窄。

　　幸灾乐祸的笑话居二。是时,弱者的"乐趣"之一是取笑更弱者、取笑同境遇的"强者",在单调、缺乏娱乐的年代里,"取笑"是一种"娱乐方式"。我们凡人,听了人家的愚蠢谬误,能够辨别,显示自身的聪明;见了别人的残废失败,显示自己的幸运。在某个年代,固然是"人之常情",但也足以显示我们的先辈缺失同情心,尊重,还是个很遥远的话题。周作人在《徐文长的故事》中的"说明"中说:"从道德方面讲,这故事里的确含有好些不可为训的分子,然而我们要知道,老百姓的思想还有好些和野蛮人相像,他们相信力即是理,无论用了体力智力或魔力,只要能得到胜利,即是英雄,对于愚笨孱弱的失败者没有什么同情,这只要检查中外的童话传说就可以知道。"

周作人编订的《明清笑话四种》,分别为明赵南星的《笑赞》、明冯梦龙的《笑府选》、清陈皋谟的《笑倒选》、清石成金的《笑得好选》。《笑府》选了167则,与冯氏的《古今谈概》相反,并非实人实事,纯系假作,以嘲笑为目的,是真正的笑话集。从中国笑话的特质中可以看出老百姓真正的爱憎。比如,笑话里嘲骂许多不才的塾师和庸医,这本来是过去中国社会的大问题,误人子弟、害死病人,使得大家痛心疾首,"报复"他们的方法之一是"笑话"。这和以前的科举制度分不开。自从明朝规定以八股取士,"万般皆下品,唯有读书高",读通了的可以做官,但只会做诗文;读不通的别的事都不会做,只好去教读或行医,骗饭来吃。以极无用者来担任这两项重大任务,为害真真不小。吝啬的,特别是不请客或吃白食的人,常成为嘲笑的对象,此外则是说大话的,包括怕老婆的在内。物质不够丰裕的时代,顺其自然靠天吃饭的劳作有时未必能丰衣足食,吃饱、不饿肚子,是那个时代人的第一愿望。在一个妇女地位不高的时代,出现怕老婆的笑话耐人寻味,是否意味着事实上民间妇女开始谋求"翻身"?嘲笑愚昧和官府的笑话也有。在冯梦龙辑录的笑话里,嘲笑妇女以及残疾的,属于下乘。

二、周作人论笑话和山歌里的"猥亵"

周作人十分重视搜集歌谣。1922年发行的《歌谣周刊》的章程中说:"歌谣性质并无限制;即语涉迷信或猥亵者也有研究之价值……"在发刊词中也特别声明:"我们希望投稿者……尽量的录寄,因为在学术上是无所谓卑猥或粗鄙的。"私情的诗,在中国文学史上本来不十分忌讳,《诗经》里有很多"私情诗"。中国人对情诗似有两种极端的意见:一是太不认真,以为"古人思君怀友,多托男女殷情,若诗人讽刺邪淫,又代狡狂自述";二是太认真,看见诗集标题涉及红粉丽情,便以为是"自具枷杖供招"。其实却正相反,可以说美人香草实是寄托私情,而幽期密约只是抒写昼梦;说得虚一点,仿佛是很神秘的至情,说得实一点,便似粗鄙的私欲,而实际上都是情感的体操,当在容许之列。

有许多人相信诗是正面的心声,以为歌谣的猥亵是民间风化败坏之证;周作人认为"这是不确的"。之所以产生猥亵的歌谣,一是生活的关系。中国社会上禁欲思想虽然势力不是很大,但一般男女关系很不圆满,这是事实。鞋,毕竟要穿在自己脚上,"父母之命""媒妁之言",他人终究不能代替自己的感觉和感情。有一种烦闷在是时是普遍的。蓄妾宿娼私通,对这些事实当然不能认同,但中产阶级的蓄妾宿娼、乡民的私通,未必全然是东方人的放逸,至少有一半是追求爱的自由。猥亵的歌谣,赞美私情种种的民歌,即是有这种想法而不实行的人所采用的求满足的方法。我们的先辈过着端庄的生活而总不能忘情于欢乐,于是唯一的方法是意淫,那些歌谣即是他们的梦。一切情诗的起源都是如此,包括民歌。

二是言语的关系。周作人在《江阴船歌》的序中说:"民间的原始的道德思想本极简单不足为怪;中国的特别文字,尤为造成这现象的大原因。久被蔑视的俗语,未经文艺上的运用,便缺乏了细腻曲折的表现力;简洁高古的五七言句法,在民众诗人手里又极不便当,以致变成那种幼稚的文体,而且将意思也连累了。"论到内容,《十八摸》的唱本和祝枝山辈所做的细腰纤足之词并不见得有十分差异,但文人酒酣耳热,高吟艳曲,不以为奇;而听到乡村的秧歌不禁颦蹙。这个原因恐怕还是在文字本身。

周作人选录冯梦龙辑录的《笑府》,对于笑话中的猥亵内容,周氏引用的英国格莱格所著《笑与喜剧的心理》第五章论两性的猥亵的不雅的篇中云:"在野蛮民族和各国缺少教育的人民中间猥亵的笑话非常通行,其第一理由是容易说。只消一二暗示的字句,不意地说出,便会使得那些耕田的少年和挤牛奶的女郎都格格的笑,一种猥亵的姿势使得音乐堂里充满了笑声。其第二个更为重要的理由则是有力量,猥亵的笑话比别种的对于性欲更有强烈的刺激力。"由此,对于猥亵的笑话的横行,我们可以给予谅解。但有意思的是,周作人辑录笑话时是有所选择的,他说:"其表示刻露者,在民俗资料上多极有价值,今惜未能选入,但可取其稍稍尔雅者耳……猥亵类有太甚者不得已暂从舍割。"检阅《冯梦龙全集》,周氏辑录所剩笑话,所谓"刻露""猥亵"者,在今日看来,不见得"刻露",也无谓"猥亵"。

相比较,冯氏所辑录的《挂枝儿》颇具私情,带着浅浅的猥亵色彩。《挂枝儿》分"私部""欢部""想部""别部""隙部""怨部""感部""咏部""谑部""杂部"十卷。如《搂抱》云:"俏冤家,想杀我,今日方来到。喜孜孜,连衣儿搂抱着,你浑身上下都堆俏。搂一搂愁都散,抱一抱闷都消。便不得共枕同床也,我跟前站站儿也是好。"冯氏批"爱极怜极"。又如《夜闹》云:"明知道那人儿做下亏心勾当,到晚来故意不进奴房。恼得我吹灭了灯把门儿闩上。毕竟我妇人家心肠儿软,又恐怕他身上凉。且放他进了房来也,睡了和他讲。"冯氏批曰:"宛转可怜,虽怕他讲,亦不得不进房矣。"

冯氏所搜集的山歌,猥亵色彩加深,其在《叙山歌》中云:"山歌虽俚甚矣,独非《郑》《卫》之遗欤?且今虽季世,而但有假诗文,无假山歌,则以山歌不与诗文争名,故不屑假。苟其不屑假,而吾藉以存真,不亦可乎?抑今人想见上古之陈于太史者如彼,而近代之留于民间者如此,倘亦论世之林云尔。若夫借男女之真情,发名教之伪药,其功于《挂枝儿》等,故录《挂枝词》而次及山歌。"足见冯氏之思想之脱俗,冯氏终究不是道学家。

冯梦龙所录《山歌》分"私情四句卷一"(33则)、"私情四句卷二"(35则)、"私情四句卷三"(22则)、"私情四句卷四"(21则)、"咏物四句卷六"(56则)、"私情杂体卷七"(20则)、"私情长歌卷八"(13则)、"杂咏长歌卷九"(8则)、"桐城时兴歌卷十"(22则)。周作人在《墨憨斋编山歌跋》一文中道:"笑话在中国古代地位本来不低,孔孟以及诸子都拿来利用过,唐宋时也还有人编过这种书,大约自道学与八股兴盛以后这就被驱逐出文学的境外,直到明季才又跟了新文学新思想的运动复活过来,墨憨斋的正式编刊

《笑府》，使笑话再占俗文学的一个座位，正是极有意义的事。与这件事同样的有意义的，便是他的编刊山歌了。"关于十卷《山歌》，周氏道："《山歌》十卷中所收的全是民间俗歌，虽然长短略有不同，这在俗文学与民俗学的研究上是极有价值的。中国歌谣研究的历史还不到二十年，搜集材料常有已经晚了之惧，前代不曾有一总集遗传下来，甚是恨事，现在得到这部天崇时代的民歌集，真是望外之喜了。还有一层，文人录存民歌，往往要加以笔削，以致形骸徒存，面目全非，亦是歌谣一劫，这部《山歌》却无这种情形，能够保存本来面目，更可贵重，至于有些意境文句，原来受的是读书人的影响，自然混入，就是在现存俗歌中也是常有，与修改者不同，别无关系。"

冯氏编刊《山歌》，大抵为吴中俗歌，颇为原汁原味。卷一《做人情》云："二十去子廿一来，弗做得人情也是骇。三十过头花易谢，双手招郎郎弗来。"冯氏批："少壮不努力，老大徒伤悲。当权若不行方便，如入宝山空手回。此歌大可玩味。"民歌很好，道了人之常情，只是批注"玩味"过了。草草虫虫均可入歌，如卷二《捉蜻蜓》云："姐儿生来骨头轻，再来浮萍草上捉蜻蜓。浮萍草翻身落子水，想阿奴奴原是个下头人。"又如《花蝴蝶》："身靠妆台手托腮，思量情意得场呆。姐道郎呀，你好像后园中一个花蝴蝶，采子花心便弗来。郎道姐儿呀，我也弗是采子花心便弗来，南边咦有一枝开。我今正是花蝴蝶，处处花开等我来。""花"得一点都不遮掩！瓜子也可以传情，如《送瓜子》云："瓜子尖尖壳里藏，姐儿剥白送情郎。姐道郎呀，瓜仁上个滋味便是介，小阿奴奴舌尖上香甜仔细尝。"

男子唱的山歌抒情还有趣味。如《无老婆》云："别人笑我无老婆，你弗得知我破饭箩淘米外头多。好像深山里野鸡随路宿，老鸦乌无窠到有窠。"冯氏批注："一云：'别人笑我无老婆，破箩淘米外头多。未到黄昏弗敢走，间边拽拽个边拖。'更可笑。"如《大细》云："姐儿养个大细忒喇茄，喫个情歌郎打子两击大背花。常言道踏子爷床便得亲娘叫，难道我踏子娘床弗是你搭爷。""大细"，儿女之称，至今在老年女性交流中还留存着。"喇茄"，意"老三老四",犹云"怠慢"。在吴语中,"喇茄"还在使用中,但仍然属于中老年"专用口语"。

"私情卷四"有《多》,云:"天上星多月弗明,池里鱼多水弗清。朝里官多乱子法,阿姐郎多乱子心。"比中有兴,颇有风味。冯氏下有长注,云:"余尝问名妓侯慧卿云:'卿辈阅人多矣,方寸得无乱乎?'曰:'不也。我曹胸中,自有考案一张,如捐额外者不论,稍堪屈指,第一第二以至累十,井井有序。他日情或厚薄,亦复升降其间。傥获奇材,不妨黜陟。即终身结果,视此为图,不得其上,转思其次。何乱之有?'余叹羡久之。虽然,慧卿自是作家语,若他人未必心不乱也。世间尚有一味淫贪,不知心为何物者。则有心可乱,犹是中庸阿姐。"梦龙因何问慧卿?冯梦龙本与苏州名妓侯慧卿交好,并有白首之约,后来慧卿别嫁他人,梦龙极为伤心,曾为此写下《怨离诗》30首以及《怨离词》和《端二忆别》,后来还同友人唱和成《郁陶集》。在作品中,他毫不隐讳地表达了对慧卿的深沉感情。《端二忆别·序》云:"五月端二日,即去年失慧卿之日也。日远日疏,即欲如去年之别,亦不可得,伤心哉……噫,年年有端二,岁岁无慧卿,何必人言愁,我始欲愁也!"冯梦龙与慧卿的这段深挚的情爱让他悟到了很多,放弃了很多,搜集了最有价值的东西。大约,梦龙已经明白一个道理,人类最真诚的爱是最永恒的。

有的山歌,是最好的白话诗,恐怕连最优秀的文人也未必作得出来,如《月子弯弯》云:"月子弯弯照九州,几家欢乐几家愁。几家夫妻同罗帐,几家飘散在他州。"使梦龙不朽的是他在文学上的贡献。其中,他搜集整理的笑话、山歌足以超越前贤、光照后人。周作人认为冯梦龙不但提供了大量生活味浓郁的笑话、富有天籁之音的纯真民歌,而且摸索了一套整理笑话、民歌工作的原则和方法,同时还给予了笑话、民歌以应有的崇高地位。周作人的论述,打开了研究冯梦龙"俗文学"的新思路。

(作者系相城区黄桥实验小学教师,苏州市名教师,中小学高级教师)

参考文献

[1]《冯梦龙全集》(卷1、6、10),凤凰出版社2007年9月第1版。
[2]《周作人自编文集》(《自己的园地》《苦茶随笔》《立春以前》《苦雨斋序跋文》《知堂文集》等),十月文艺出版社2011年1月版。

传承创新

做靓冯梦龙文化　构建相城民间价值高地

曹后灵

海棠芬芳柳含烟,最美人间四月天。清明过后,天朗气清,暖风拂面,走在苏州相城区黄埭镇新巷村的田埂上,新燕逐食,风筝飞翔,桃红柳绿,果树拔节,万物蓄满了生长的力量,还没来得及好好欣赏,更无须多加联想,江南富饶秀丽的春天就这样送到我们眼前。

是的,这里是鱼米之乡江南,也是"中国通俗文学之父"冯梦龙的故乡。一方水土养一方人。自古以来,因伍子胥"相土尝水,象天法地"而得名的相城就是长江文明的发源地,也是吴文化的重要一脉。这里丰沃的土壤、秀丽的景色、富裕的经济和淳厚的民风滋养了一大批文化名人,是吴门画圣沈周、文徵明的在水一方,是兵圣孙武的终老归隐地,也是冯梦龙文学世界的源头活水。当我们重走冯梦龙的故乡,再读冯梦龙的作品时,我们深感他是苏州乃至中国文学热土上的一棵参天大树,为我们留下了十分丰厚的精神文化遗产。他的作品蕴含的思想价值,折射的精神追求,都饱含着一种自下而上、由内而外的崇德向善的力量,对我们当下如何用更大众化、通俗化的方式来践行社会主义核心价值观深有启发。

冯梦龙(1574—1646),明代著名作家。他在《寿宁待志》中称自己是"苏州府吴县籍长洲(相城古称)人"。他的作品有2000多万字,除了世人皆知的"三言"(《喻世明言》《警世通言》《醒世恒言》)和《山歌》《挂枝儿》外,还有《新列国志》《古今烈女演艺》《智囊》《情史》等,冯梦龙被誉为中国古代白话小说的先驱、俗文学泰斗。他的作品凝结着浓厚的地方文化精髓,为相城当下践行社会主义核心价值观、建构地域民间价值高地提供了很大的意义空间。

第一,体现了吴门烟水的文化品格。

如果苏州是世界的水城,那么相城就是苏州的水乡。碧波荡漾的阳澄湖以及数不清的河浜溇泾润泽了一方水土,涵养了一方文脉。而一地文艺也充分体现一方文化性格,冯梦龙的"三言"就印证了这一点。《警世通言》中吴人的短途出行、举家迁徙,无不采用水路。水网的广布、人口的稠密,使江南的生活细腻而精致。如《灌园叟晚逢仙女》中秋先的园:"周围编竹为篱。篱上交缠蔷薇等类,不胜枚举。远篱数步,尽植名花异草……向阳设两扇柴门,门内一条竹径……转过柏屏,就是三间草堂。"好一幅精巧清雅的园林画。水乡多水,柔韧而含情脉脉,而吴地又有着晴耕雨读的传统,因此崇文便成了吴文化的另一文化品格。"三言"中到处可见吴人对子女幼学的重视。如《桂员外途穷忏悔》中写苏州施济8岁就"送与里中支学究先生馆中读书"。"三言"的诸多篇目,尽管情节不同,篇末文人高中的结局却惊人相似。这种结局的设计,除了劝醒教民外,也是吴地钟灵毓秀的文化基因所致。

第二,提出了"情教说"和"情爱观"。

冯梦龙在《情史》序中写道:"天地若无情,不生一切物。我欲立情教,教诲诸众生。"他将"情"置于崇高的地位,认为是伦理道德的基础,是维系万物的纽带。他的小说对人情人性描写入木三分,尤其歌颂底层人物真挚的情感。如《杜十娘怒沉百宝箱》和《卖油郎独占花魁》中,两位主人公在选择"从良"的过程中,一个选择了贵介公子,一个选择了市井细民。前者所遇非人,于是愤恨交加,怒沉江底。后者喜得佳偶,白首同心。他写爱情,又有礼有节,强调信诺忠诚、相互尊重,体现了以有情、婚姻为基础的良好世风。而民歌也具有真情,他收集整理的民歌《挂枝儿》共10卷,400余首,他辑评的《山歌》也有10卷,约380余首,这些民歌可谓是江南吴地劳动人民的"爱情大全"。

第三,提出了"以义取利"的义利观。

中国的传统文化有重农抑商思想,但是中晚明时期,出现了资本主义的萌芽,冯梦龙商贾题材的作品就反映了这一点。冯梦龙的作品中,他写好货逐利,更强调要有"儒商"精神,提出"以义取利"的义利观,认为君子爱财,取之有道。因此,在"三言"中,我们可以看到许多正面的商人形象。比如卖油郎秦重做生意从不缺斤短两,最终爱情事业双丰收。《刘小官雌雄兄弟》中刘德以诚待客,多给钱都要退还,他的义子"一二年间,挣下一个老大家业"。这些人物或诚信为本,或贵和尚中、和气生财,这些思想对于我们当今在社会主义市场经济体系中营造公序良俗仍然很有启发。

第四,发挥文学有通俗的教化功能。

冯梦龙在《醒世恒言》序中提到"三言"题名的缘起:"明者,取其可以导愚也,通者,取其可以通俗也,恒则习之而不厌,传之而可久。三刻殊名,其义一耳。"他相信文学具有通俗的教化民众的强大功能。"三言"作品中有很多惩恶劝善的内容,如《沈小霞相会出师表》以明代嘉靖年间发生的真实事件为基础,写沈炼一家与权奸严嵩父子斗争的故事,他用诗歌盛赞沈炼"吏肃惟遵法,官清不爱钱,豪强皆敛手,百姓尽安眠",表现了其对清明政治的憧憬。他在"三言"中塑造的清官形象,还有包拯、况钟等人。冯梦龙的作品是这么写的,而自己也是这么做的。他入仕之后,为官清廉,在寿宁改革吏治,微服察访,兴文立教,废除陋习,后代称他"政简刑清,首尚文学,遇民于恩,待士有礼",他的嘉言懿行在当地被奉为美谈。

总之,冯梦龙在他的文学作品中,从个人、家庭、作坊等社会小人物、小单元入手,通过极具艺术感染力的手法,不仅为我们展示了明代江南的生活风情图,而且也从民间元素中,让我们找寻到体现主流价值的社会主义先进文化的血脉。文化是民族的,是大众的,是由生活中来,到生活中去的。

当前,社会正值转型期,价值取向多元多样,汲取冯梦龙文学世界的养分,用这种本土的、有生命力的方式以文化人,进而践行社会主义核心价值观,是大有裨益的。

第一,构建冯梦龙文化研究载体。

2012年,我们成立了苏州市冯梦龙研究会,邀请了北京社科院、复旦大学以及台湾、南京、苏州等地的专家学者,召开了"请冯梦龙回家"座谈会、"冯梦龙及民间价值建构研讨会"等会议,研讨会论文集即将出版。新巷村挂牌为中国社科院、江苏省民协等科研和采风基地。我们出版了《冯梦龙传说故事集》,举办了冯梦龙文学作品书画展等。我们还将进一步依托本土的学术研究力量,创办专门学术刊物,搭建学术交流平台。此外,我们计划在冯埂村原地修复冯梦龙故居,通过故居外种植竹子等农作物,体现冯梦龙为官清廉和耕读传家的传统。我们还将建设冯梦龙名人纪念馆,通过展出冯梦龙各种版本的作品、研究资料、书画作品等,搭建"有形"的研究载体和平台。

第二,构筑相城民间价值高地。

要顺应历史潮流,将一方水土建成人们向往的精神家园,就要立足相城的禀赋优势,在践行社会主义核心价值观中培育出相城特色。冯梦龙作品中有不少名言,如"富贵本无根,尽从勤里得。请观懒惰者,面带饥寒色""刻薄不赚钱,忠厚不折本""做事必须踏实地,为人切莫务虚名"等,这些都是符合社会主义核心价值观要求的。我们要将这些名言警句整理出来,借助科技和网络手段传播出去。同时,我们将继续立足相城,开展一系列培育良好政风、行风、世风、民风的活动。2012年,我们自下而上凝练出了"上下同求、勇于担当"的相城风气。接下来,将以此为抓手,开展"圣人言、老人言与社会主义核心价值观"大讨论活动和征文、微视频比赛;围绕国家、社会、个人层面的"三个倡导"选树好人,开设相城好人故事汇,让群众听故事、学模范;组织开展"我们的价值观我们的中国梦""形势教育与我们的价值观""邻里守望"学雷锋志愿服务等活动;在春节、清明、端午、中秋等传统节日中,开展"我们的节日"系列活动,通过群众喜闻乐见的形式把核心价值观在民间稳实下沉,让群众在精神的共鸣中,用实际行动来合奏。

第三,规划文旅结合的产业图景。

名人是名人故里最宝贵的资源。名人的思想,也对中国和世界产生了深远的影响。因此,延续这种光荣,推进特色文化建设,需要应势而谋,文旅融合,做出文化的品位和旅游的口感。我们要突破"门票经济"的思维,把总体规划、专项规划、旅游规划联系起来,树立"大景区"观念,跳出"故居"做"故里",整合文化做文化。串起故居、纪念馆、黄公荡公园、黄埭荡景观水路、猕猴桃采摘园等特色旅游点,精心设计旅游线路,在恢复故居和建设纪念馆的基础上,重现明朝江南生活小院落,还原经典生活场景,把历史文化、兴学重教、廉政教育、乡村旅游、林果销售有机结合,实现社会效益、经济效益与生态效益的三赢。

  如今,走在冯埂上的田间小路,"杠铃杠铃马来哉,隔壁大姐转来哉""泉声出涧百花飞,你早早去早早转",熟悉的民歌乡音在耳边回荡,我们明白,一个区域文明进步的标志,必然是物质和精神文化的共同进步,甚至更需要文化的助力和引领。我们今天探讨的构建冯梦龙文学的民间价值高地,既是对传统文化的一次拾遗,也是对文化担当的身体力行。只有政府和民众层面共同努力,才能将名人的精神内化为价值取向,外化为行为准则,才能让社会主义核心价值观在相城落地生根,并且开花结果。

(作者系苏州市相城区委书记)

冯梦龙与相城地方文化研究

屈玲妮

苏州是具有 2500 多年历史的文化名城,深厚的历史文化积淀,为苏州发展旅游业提供了取之不竭的资源。长期以来,苏州旅游以"天堂苏州,东方水城"为主题,以太湖山水的湖光山色之胜,苏州古城、古镇、古村典型的"小桥、流水、人家"之韵,虽由人作,宛如天工的古典园林之境,昆曲评弹声腔曲调之美,苏式、苏工、苏作等民间手工艺之巧,吸引着海内外的游客。而众多的名人资源,还处在待开发之中,冯梦龙就是其中的一位。

冯梦龙的文化旅游价值在于他在中国通俗文学中的独特地位及其社会影响的广泛性。冯梦龙不仅在苏州通俗文学领域里独树一帜,在全国通俗文学领域里似乎也没有人能够超越。苏州文化以精致和博大著称。苏州文化的精致和博大是由俗、雅两大文化样式建构的,如艺术形态上的昆曲和评弹、吴门画派和桃花坞年画;建筑形态上的古典园林和水乡民居;手工艺术方面的文人创意和民间手艺;精神建构上的"先忧后乐"和"匹夫有责"。但要说到文学,似乎还难以找到能与冯梦龙相媲美、相匹敌的通俗文学大家。我们现在经常说"文化自觉",所谓"文化自觉",按照费孝通先生的说法,就是知道自己文化的来龙去脉、在世界坐标里的位置、它到底有什么样的优势。因此,看一个地方怎样选择,就能看出这个地方的领导对"文化自觉"的认识和能力。对于相城区来说,选择冯梦龙,就是选择了"文化自觉"。

从旅游资源的角度看,在自然旅游资源、人文旅游资源、社会旅游资源的基本类型中,冯梦龙属于人文旅游类。依托历史名人发展文化旅游,国内已有一些成功的案例,前些年浙江绍兴围绕鲁迅，形成了从鲁迅故居到鲁迅故里的发展思路，做大了旅游产业；山东淄博依托短篇小说之王蒲松龄，于1989年投资3000多万元，开发了聊斋城，在几年时间里，就收回了投资。借鉴绍兴和淄博的经验，做好冯梦龙资源的挖掘、开发、利用工作，使之成为相城文化旅游的新亮点，不仅有利于扩大相城文化的影响力，而且有利于做大、做强相城的文化旅游业。

相城建区十多年来，生态环境得到优化，投资建设了荷塘月色湿地公园、中国花卉植物园、盛泽湖月季园、紫薇园等一大批主题花卉园，但缺少有玩头、有说头、有吃头、有学头、有回头等，即缺少文化。冯梦龙所在的村近年来大力发展林果业，葡萄、猕猴桃、梨等果树的种植达到了一定的规模。

如果以生态为基、文化为魂、民生为本，以冯梦龙民间价值的挖掘为核心，使游客体验冯梦龙故里的市民生活，将在文化和旅游的相互激荡中，形成文化让旅游充满魅力，旅游让文化充满活力的互动格局，带动地方经济发展，致富一方百姓。

一、打造好冯梦龙故里的品牌

相城区要开发利用冯梦龙资源，要注意打造好冯梦龙故里的品牌。相城文化有众多的历史记忆：相城是冯梦龙故里，冯梦龙故里是伍子胥"相土尝水，象天法地"的风水宝地，是兵圣孙武的归终地，是明朝第一奇僧姚广孝的出家地，是吴门画派的发源地，是御窑金砖的生产地，是阳澄湖大闸蟹的原产地，是湖蚌珍珠的盛名地。在这些众多的历史记忆中，论社会的普及程度，关于冯梦龙的记忆当最具社会影响力，在相城的历史记忆中，孙武和沈周也是很有社会影响力的，《孙子兵法》和"吴门画派"都是中国乃至世界的文化记忆，姚广孝曾监修过中国古典集大成的旷世大典《永乐大典》，但从通俗性、普及性、知晓程度和文化发生地的角度看，这些记忆都要落在冯梦龙之后。冯梦龙作为中国的白话小说之王，以"三言"著称，但从相城区发展文化旅游的角度看，单打冯梦龙这张牌可能还不行。单打冯梦龙牌，相城的文化就会显得单一，多样性和丰富性不够，会缺少看点和历史遗存。因此，当以冯梦龙为主体,结合其他文化名人进行综合开发。

打造好冯梦龙故里的品牌,相城区的文化资源就盘活了,会形成红花与绿叶相互映衬的效应,形成铺垫与点睛的作用。社会上知道冯梦龙的人很多,但冯梦龙的故里在相城,知道的人并不多,这就有新鲜感。因此相城区可以围绕冯梦龙故里的主题做一些策划,一是可以编一本冯梦龙故里的传奇故事,编好这本书可以扩大相城的文化影响力。还可以策划一个冯梦龙故里的宣传,这个宣传可考虑联手苏州市文联和中国作协争取设立一个中国通俗文学奖来进行。奖项可设"通俗文学""网络文学"等。思想解放一点的话,还可以将网络段子列入。网络段子有民间的声音,更有民间的智慧和时代的声音。

打造好冯梦龙故里的品牌,首先要有一些标识性的东西。在进入相城区的一些主要入口,要设置冯梦龙故里的标识牌,可选择合适的地点命名"冯梦龙大道"。"冯梦龙大道"要融入冯梦龙文化的元素,使之成为一条文化景观大道。这些标识与相城区正在构想的将冯梦龙的出生地冯埂上更名为冯梦龙村,同修建冯梦龙故居和冯梦龙纪念馆结合起来,相城区冯梦龙故里的形象就会逐渐清晰起来,传播出去。

打造好冯梦龙故里的品牌,应通过相城文化元素、文化内涵的注入,提升相城区的精气神,使相城区不仅有"形",而且有"魂";不仅有生活品质,而且有文化品味;不仅有相城特色,而且能与中华文化相融合。以此突出相城文化的典范特色,提升相城文化的品位和影响力。

打造好冯梦龙故里的品牌,有必要根据冯梦龙作品中的场景进行一些景观复制。冯梦龙是冯梦龙故里的主体内容,但冯梦龙在相城的历史遗存物很少,这就要通过景观的再造来体现。这些景观再造可分门别类做专题性的展示,并以活态的方式形成一幅明末清初之际的市井风俗画,使冯梦龙故里既有根植民间的精神价值,又有来自文化的历史再现。

打造好冯梦龙故里的文化品牌,要注重通过注入文化元素使相城区现有的景观有一个文化上的提升,使景观的自然之美、生态之美融合在人文的特色之美之中。如相城区的荷塘月色湿地公园,现在基本上就是一个新建的自然景观,如能将中国荷花丰富的审美意蕴融入其间,就会有很好的文化提升的效果。《诗经》《楚辞》中荷花是女性和文人的原型;东汉佛教传入中国后,又形成了"污泥不能污其体"的意蕴;北宋理学家周敦颐《爱莲说》中以"不染""不妖""不枝不蔓""亭亭净植"隐喻君子人格;唐代,荷花成为常见的仙境之花,是荷花中国花鸟画的重要组成部分,是中国古典园林中的重要景物……融入这些内涵,荷塘月色湿地公园完全可以被打造成一个荷文化的主题公园,这个主题公园经由采莲歌曲和吴歌的沟通,又可成为吴歌的一个表演场所。

打造好冯梦龙故里的品牌,要有整合资源、统一规划的文化意识。所谓统一规划,就是根据红花绿叶相互映衬的道理,将相关的文化记忆和景点以冯梦龙品牌统一进行视觉形象设计,用大景区的概念对相城旅游进行包装设计,如"冯梦龙故里——沈周景区"等,以此使相城区的旅游给游客留下一个整体的形象和印象,有内在关联和多样的内涵,有主题的内容和不同的体验。

二、挖掘民间价值中的主流价值

文化旅游的核心是文化。文化是用于提升人的灵魂和境界的。文化要担当"国民之魂,文以化之,国家之神,文以铸之"的重任,很重要的一点是以"文化自觉"的眼光,重视价值的建构。用历史的眼光看,冯梦龙作为通俗文学的大家,其文化价值主要体现在民间价值上,因此,冯梦龙资源开发利用的重心也应放在民间价值的建构上。

文化形态的东西留传下来,一般要通过两种方式,一是民族凝聚的方式,二是个体转换的方式。这两种方式彼此呼应,构筑成一个稳固的观念体系。在冯梦龙身上,民族凝聚的方式主要是民间价值,这些民间价值又通过冯梦龙的作品和人品体现出来,冯梦龙的作品和人品就是民间价值的个体转换方式。

冯梦龙的民间价值和当今时代的主流价值有什么关系呢?是民间价值是源,主流价值是流的关系;是传统是根,时代是魂的关系。民间价值和主流价值的关系,类似于文艺和生活的关系,毛泽东在《在延安文艺座谈会上的讲话》中谈到文艺与生活的关系时说过,生活是源,文艺是流,文艺来自生活,又高于生活。同样,主流价值来自民间价值又高于民间价值。

冯梦龙的民间价值作为中华传统文化的重要组成部分,与当今的社会主流价值构成了"根与魂"的关系。中共中央政治局2014年2月24日就培育和弘扬社会主义核心价值观、弘扬中华传统美德进行第13次集体学习时,提出了用传统文化涵养核心价值的命题,这就说到了传统是根,时代是魂的关系。习近平总书记提出,培育和弘扬社会主义核心价值观必须立足中华优秀传统文化。牢固的核心价值观,都有其固有的根本。抛弃传统、丢掉根本,就等于割断了自己的精神命脉。博大精深的中华优秀传统文化是我们在世界文化激荡中站稳脚跟的根基。中华文化源远流长,积淀着中华民族最深层的精神追求,代表着中华民族独特的精神标识,为中华民族生生不息、发展壮大提供了丰厚滋养。

冯梦龙作为中国通俗文学的集大成者,是民族精神财富创造的典范,是博大精深的中华传统文化的重要组成部分和独特的精神标识。其久负盛名的"三言"中的诸多名篇,通过众多的故事和人物讲述了根植在民间的故事和人物,从不同的侧面体现了民族的主流价值观,《杜十娘怒沉百宝箱》塑造了京城"教坊名姬"杜十娘为追求自由幸福和爱情婚姻,宁为玉碎、不为瓦全的性格形象;《卖油郎独占花魁》讲述了莘瑶琴与秦钟互相尊重,不计名位、不慕荣华的真挚爱情;《金玉奴棒打薄情郎》以喜剧的风格、辛辣的笔调鞭笞了富贵易妻的丑恶行径;《赵太祖千里送京娘》刻画了施恩不图报、遇难不畏强的侠义精神;《吴保安弃家赎友》中的吴保安变卖全部家产,救出郭仲翔,郭仲翔负骨而行,尽心尽义,写尽了朋友间滴水之恩涌泉相报的高义;《俞伯牙摔琴谢知音》感叹了"相识满天下,相知有几人"的世情;《乔太守乱点鸳鸯谱》名曰"乱点鸳鸯",实为审时度势,合情合理断案;根据《醒世恒言》中的《十五贯戏言成巧祸》等改编成昆剧的《十五贯》中况钟重调查取证,查出真凶,为民请命;等等。将这些众多的脍炙人口的艺术形象,与作品所描写的艺术场面结合起来,以现代的动漫样式传播出去,普及起来,是很好的配合核心价值观宣传的形式。

冯梦龙编著的"三言",一部分来自于对宋元话本的改编,一部分基于明代话本改编,另外还有从文言小说改写的白话小说,以及根据前代的笔记、传史典故和社会传闻而创作的故事。从《警世通言》《喻世名言》《醒世恒言》这三部书的名字看,除迎合了通俗文学的市场需求外,还具有明显的道德教化目的。出于道德教化的需要,"三言"中有不少名言警句,如:《警世通言·俞伯牙摔琴谢知音》中的"这相知有几样名色:恩德相结者,谓之知己;腹心相照者,谓之知心;声气相求者,谓之知音。总起来叫做相知";《警世通言·拗相公饮恨半山堂》中的"不可以一时之誉,断其为君子;不可以一时之谤,断其为小人";《警世通言·崔待诏生死冤家》中的"平生不做皱眉事,世上应无切齿人";《醒世恒言·徐老仆义愤成家》中的"富贵本无根,尽从勤里得。请观懒惰者,面带饥寒色";《醒世恒言·卖油郎独占花魁》中的"刻薄不赚钱,忠厚不折本";等等。这些名言警句,语言通俗朴素,在劝人为善中熔铸着民间的认识和历史的判断,将这些名言警句利用起来、开发出来,对认识社会、教育群众、推动社会发展是有着特殊的作用的。

以上这些故事和警句可以作为旅游纪念品的题材内容,通过现代设计,再现其"警世""喻世""醒世"的作用。

在坚持古为今用、推陈出新中,根据习近平总书记的要求,深入挖掘和阐发冯梦龙作品中"讲仁爱、重民本、守诚信、崇正义、尚和合、求大同"的时代价值,认真研究冯梦龙作品中幽默和讽刺的民间智慧,在群众路线教育中具有的认识作用、教育作用和审美作用,蕴含的价值和意义,为相城建构文化高地提供了重大的意义空间,沿着这样的方向走下去,前途光明,道路曲折。在建构中开拓,在开拓中攀登,用贴近群众的艺术形式和科技手段传播出去,将会创出培育和践行社会主义核心价值观中的相城特色。

在民间价值中建构文化高地,关键是能够从民间价值中挖掘主流价值,体现先进文化的前进方向。所谓建构,就是要走出文化的活动性浮华,在立足文化资源优势的基础上,建树起能够"面向现代化、面向世界、面向未来的,民族的科学的大众的社会主义文化"。文化的民族性、大众性当是来自民间的文化传统,又会凝结在民族文化的代表性人物身上,冯梦龙作为中国通俗文化的参天大树,其作品对文学和文化的民族性、大众性有重大贡献。

用优秀传统文化涵养核心价值观的另一个方面,是用历史上的清官激励现代的领导,体现官德的力量。毛泽东以前说过,严重的问题是教育农民,现在严重的问题已变成教育干部了。在群众路线教育中,习近平在兰考讲话中提到,明代以《喻世明言》《警世通言》《醒世恒言》传之后世的文学家冯梦龙,科举之路十分坎坷,57岁才补为贡生,61岁才担任福建寿宁知县,任职也是4年,他减轻徭役,改革吏治,明断讼案,革除弊端,整顿学风,兴利除害,打造了一个安居乐业的寿宁。冯梦龙写于崇祯十年(1637)春季的《寿宁待志》,记载了他在寿宁县的活动和思想情况,他根据寿宁"岭峻溪深,民贫俗俭"的特点,主张"险其走集,可使无寇;宽其赋役,可使无饥;省其谳牍,可使无讼",由此也写下了他为政生涯中光彩的一页。历史是一面镜子,冯梦龙的为官之道、为官之路照出了当今社会的众多积弊,以《寿宁待志》"待"字为线索,以"无寇、无饥、无讼"为主线,编一部文艺作品,将冯梦龙在寿宁的为官之德、为官之绩,用文艺形式反映出来,这是涵养核心价值观的又一内容。

三、体现面向生活世界的时代主题

在民间价值中建构文化高地,就要顺应时代潮流,用文化魅力,将一方水土建成人们向往的"精神家园"。"苏州是世界的水城,相城是苏州的水乡",来自相城的这一认识是很有文化见识的。建设文化高地要立足相城的禀赋优势,更需要时代的点睛之笔。

我们用"走进冯梦龙的世界"为主题,以"跳出故居做故居,整合文化做文化"的方式,为冯梦龙旅游项目的开发,提供了一种全新的思路和模式。为旅游区打造全新旅游概念,体现中国传统文化价值的精神家园,是中国大众所心仪向往的人生典范之所。顺应人民群众期待过上美好生活的愿望,相城当可以规划"观渭塘珍珠,品阳澄湖蟹,游冯梦龙故里,过沈周这样的生活"的发展愿景。

四、开发冯梦龙故里旅游产品

关于什么是旅游,早在1927年,德国的蒙根·罗德就对旅游下了这样的定义:旅游从"狭义的理解是那些暂时离开自己的住地,为了满足生活和文化的需要,或各种各样的愿望,而作为经济和文化商品的消费者逗留在异地的人的交往"。这个定义强调旅游是一种社会交往活动。20世纪50年代,奥地利维也纳经济大学旅游研究所对旅游的定义是:"旅游可以理解为是暂时在异地的人的空余时间的活动,主要是出于修养;其次是出于受教育、扩大知识和交际的原因的旅行;再是参加这样或那样的组织活动,以及改变有关的关系和作用。"这个定义强调旅游的基本目的是消遣和增长知识。鉴古通今,我们再看看旅游的本质是什么。可以说,现在世界上基本形成了一个共识:旅游的本质就是一次经历、一次阅历、一次体验,也就是旅游者离开了家乡到达旅游目的地,然后再回去的这样一次差异化体验,是一种异地生活方式体验。当下中国的旅游正在悄悄发生变化,当人们在温饱阶段是旅游观光,当人们在小康阶段是休闲,当人们在富而思进阶段是体验。所以,冯梦龙家乡要发展旅游业,必须走差异化之路,有特色就有竞争力;必须打造冯梦龙文化品牌,有文化才有生命力,尤其需要借用名人文化借船出海。冯梦龙家乡要开发"走进冯梦龙世界"主题旅游,具体可以围绕以下几个方面实现:

1. 建立冯梦龙作品体验区

冯梦龙的作品中收录了许多当时的人们进行娱乐休闲的游戏,包括猜拳、掷骰子、踢毽子、下围棋、下象棋等,因此可以考虑建立冯梦龙作品体验区,恢复部分古代儿童游戏。

(1)双陆。双陆是一种棋盘游戏,棋子的移动以掷骰子的点数决定,首位把所有棋子移离棋盘的玩者可获得胜利,跟现代的飞行棋有点类似。又如赞棋,也是一种棋类游戏,如今已经失传,通过《挂枝儿》,我们对赞棋有了进一步的了解。《从良》中"不记得剪烛共弹棋",从侧面表现当时人们玩弹棋的喜好。弹棋是西汉末年开始流行的一种古代棋戏,最初主要在宫廷和士大夫中盛行,棋子一般是木制或由象牙雕刻而成的,唐朝是弹棋兴盛之时,许多诗人都曾在诗中写到过弹棋。而至元明之际,弹棋逐渐被象棋、围棋等取代,弹棋在文学创作中也逐渐淡出了身影,所以这些民歌也变相地成为弹棋在明朝时仍旧存在的证明。

(2)秋千。也许在所有的古代儿童游戏中,秋千是流传最久、普及最广、保存最完整的民俗游戏,至今仍保持着旺盛的生命力。几千年来,荡秋千一直受到儿童和少女的青睐。

(3)抢窝。谁以最少的次数用弯头棍把毛球先打进洞里,谁就赢了。元代记录捶丸(即打球)的专门著作《丸经》记载:"有立者、蹲者、行者、飞者。远者立,近者蹲,无阻则行,有阻则飞。"立着打用的叫"撺棒","十数为全副,八数为中副,其次为小副"。蹲着打用的叫"朴棒","今人曰减膝是也。杓棒,鹰嘴,当蹲"。行着打也用撺棒。飞着打用的叫"朴棒",即单手使的杓棒。由于球棒有十数种之多,因此场上有"伴当"(球童)帮助,"朴棒盛于革囊,撺棒、杓棒盛于提篮也"。元代张昱《辇下曲》中对玩法和规则做了详细记录。如开球设"基","纵不盈尺,横不盈尺"。球在基上放好就不能再动,如果被风吹动,应当声明"风落",如果不声明"风落",或自行挪动,那就算已经击球了,这叫"因动为击"。选定球棒上位后,不可换易球棒,如果换易,就算输一筹,这叫"对权不易"。如球打在窝中用棒拨出,亦输一筹。

(4)竹马。小顽童,右手高扬"马鞭",左手拉住"马头"缰绳,胯下之"马",拖着带竹叶的长长尾巴,"马头"则形象逼真。由此,我们想到唐人李贺《唐儿歌》诗中的句子:"竹马梢梢摇绿尾,银鸾睒光踏半臂。"这种"摇绿尾"的竹马正是儿童玩游戏的欢乐景象。

(5)学演戏。古代有"参军苍鹘"的说法,它是唐代参军戏的角色名称。那时的戏剧比较简单,只有参军、苍鹘两个角色。参军本是一种类似于军事参谋的职官名称,没什么定职,可以根据需要随时设置。战事频繁的时候,比如开始设立这一官职的汉代末年和魏晋南北朝时期,它的地位很重要,甚至可以直接辅佐君王起草文书指挥作战。而在相对和平的时期,它的地位就不那么重要,比如《旧唐书·职官志》中,它的官阶列在"正八品下阶、从八品上阶",

是一种品秩很低的职官。苍鹘是童仆的角色,头扎髽角,身着敝衣,受参军的呵斥指使。不过照滑稽戏的传统习惯,颐指气使、不可一世的角色,往往在最后会自食恶果,反被那个一直被他欺侮的角色所嘲弄,所以苍鹘是个绵里藏针的机智角色。由于苍鹘是儿童角色,所以孩子们很乐于模仿他。

2. 挖掘"三言"商业部分演绎故事

冯梦龙"三言"共有短篇白话小说120篇,其中明确指出故事发生在明代的有30篇:《喻世明言》6篇,《警世通言》11篇,《醒世恒言》13篇。愈是后出,里面所反映的当代社会题材也就愈多。而在这些篇目中,共有43个商人与手工业者形象,散见于16篇小说中。以商人为主人公、以商人经商求利活动为主要表现内容的商贾小说约占3/10,这个比例足以说明冯梦龙本人对商业和商人的重视。可以从"三言"中挖掘其中的商业部分演绎故事、小品,教育现代人经商重在诚信。

3. 开发和展示艺术表演系列

如人们所说的那样,明代文学是以小说、戏曲和民间歌曲的繁荣为特色的。小说、戏曲方面,颇有一些大作家,但在小说、戏曲、民间歌曲三方面都做出了杰出贡献的,唯冯梦龙一人而已。

苏州是昆曲的发源地,苏州派传奇作家群在昆剧发展史上有着重要的地位。作为明末清初承前启后的一个群体,苏州派戏曲作家,其活动年代基本在明末到康熙二十年前后。苏州派以李玉为首,李玉最负盛名的是崇祯年间刊刻的《一笠庵四种曲》,亦即《一捧雪》《人兽关》《永团圆》《占花魁》,被后人简称为"一人永占"。而《占花魁》就是根据《醒世恒言》中的《卖油郎独占花魁》改编的,通过卖油小贩秦重和妓女莘瑶琴之间的爱情故事,反映出了市民阶层的思想意识。朱素臣是苏州派传奇作家群中的另一个重要代表,其作品《十五贯》流传最广。

苏剧《醉归》也是根据《卖油郎独占花魁》改编的,全国人大代表、著名表演艺术家、苏州昆剧院王芳是全国戏剧"梅花奖"获得者,而《醉归》就是她最重要的代表作。著名作家陆文夫看过《醉归》后,曾专门为王芳写过评论。

可将冯梦龙的吴歌和山歌系列开发成舞台艺术。刘复先生1926年3月2日在《吴歌》序言中指出:"民歌俗曲中,把语言、风土、艺术三件事全都包括了。"还说:"自从六朝至今日,大约是吴越的文明该做中国全部文明的领袖罢,吴越区域之中,又大约是苏州一处该做得领袖罢,如果我这话说得不大错,那么苏州在中国文明史上所处的地位也就可想而知了。所以借此将民歌的重要与苏州民歌的重要写出了一些……"吴歌虽然极具人文价值、历史价值、艺术价值,但由于生存环境的变化,不可能像以前那样天天唱,这就需要通过艺术化表演和仪式化表演来传承发展。将吴歌开发成旅游产品,呈现在舞台上,也是很有文化价值的。

4. 开发冯梦龙喜欢的旅游纪念品

(1) 毛球。毛球是冯梦龙儿时经常与小伙伴玩的游戏。毛球是在儿童游戏抢窝中用的器具,是用毛发缠成的球,外面用皮革包裹,可以踢或打着玩。可以请专业的民间工艺大师在现场演示制作过程,并适当讲解其玩法。

(2) 芦花鸡。"走遍天下,冯埂上是芦花鸡老家。"相传冯梦龙小时候是个皮大王,有阵子被哥哥嫂嫂打发到冯埂上跟着帮他们看祖坟的老爷爷玩。冯梦龙特别喜欢读书,每天起早贪黑在金砖上用狗尾巴草练字。他还特别喜欢养芦花鸡,有次因为老爷爷误杀了鸡伤心了好几天。后来,冯梦龙回到城里参加考试,一考便成了贡生,因此冯埂上有孩子念书的人家,都学冯梦龙,把芦花鸡当朋友,村里还有专门饲养芦花鸡的养鸡场,代代流传着这个故事。因此,在旅游景点,建议恢复芦花鸡养鸡场,还原故事情境,也可向游客售卖,亦可请相城的面塑、缂丝"非遗"传承人制作芦花鸡旅游纪念品。

(3) 黄埭西瓜子。冯梦龙的故乡盛产黄埭西瓜子,该瓜子在1927年杭州西湖博览会上获优胜奖。相传冯梦龙有一年邀请江浙沪各路名家到冯埂上举办过"美人嗑瓜子"比赛。而黄埭西瓜子因为从选籽、配料到炒制加工,有一套独特的工艺流程,因此代表黄埭参赛的美人嗑出的瓜壳都是完整的两瓣,飘到地上都是黑面着地,而且美人戴的白丝手套也仍洁白无瑕,不得不令人折服,一举夺冠。冯梦龙事后还作了一首《赠瓜子》的诗,借物寄情,可见他对黄埭西瓜子的情有独钟。黄埭的西瓜子也因此名声远播。

（4）鹰。相传冯梦龙年老辞官，回到冯埂上后特别喜欢养老鹰，模仿老鹰的叫声惟妙惟肖，还替乡邻打抱不平。因此，可以请相城缂丝、面塑"非遗"传承人制作各式老鹰。

总之，还有很多旅游商品可以开发，特别是把冯梦龙的文化与相城"非遗"文化相融合，使纪念品更具特色，更有文化魅力。

5. 举行冯梦龙文化旅游节

众所周知，旅游产品的品牌是在营销中产生的，那么如何营销呢？冯梦龙家喻户晓，但冯梦龙是苏州市相城区黄埭镇冯埂村人知道的人不多，为了使更多的人了解冯梦龙、走进冯埂村，迅速提高冯埂村的知名度和美誉度，今后每年可在冯埂村举办一至两次以冯梦龙文化为主题的节庆活动，相信经过 3~5 年的努力，冯埂村的游客会从无到有、从少到多，最终游人如织。

（1）举办冯梦龙文化旅游节暨阳澄渔（吴）歌大赛。吴歌发源于江苏东南部，苏州地区是吴歌产生、发展的中心地区。吴歌是吴语方言地区下层人民的口头文学创作，在民间口口相传，代代相袭，是带有浓厚民族和地方特色的韵文（苏州方言中"渔""吴"同音）。吴歌的历史源远流长，《楚辞·招魂》载"吴歈蔡讴，奏大吕些"，魏晋南北朝时郭茂倩编《乐府诗集》时，将搜集到的吴歌编入了《清商曲辞》的《吴声歌曲》中，五言句式，多数是情歌，以《子夜歌》最具当时民歌的特点。明代，冯梦龙采录宋元到明中叶流传在民间的大量吴歌，用吴方言记录，辑录成《山歌》《挂枝儿》，以情歌为多。明陈宏绪在《寒夜录》里曾引用卓珂月的话："我明诗让唐，词让宋，曲让元，庶几《吴歌》《挂枝儿》《罗江怨》、《打枣竿》、《银绞丝》之类，为我明一绝。"

清代是长篇叙事吴歌的成熟繁荣时期，经书商刊刻、文人传抄和民间艺人的口传，保存了大量长篇叙事吴歌。五四运动前后，北京大学发起了歌谣运动，编辑出版了《歌谣》周刊，《吴歌甲集》《吴歌乙集》《吴歌小史》。20 世纪 80 年代以来，吴歌得到了大量的搜集、整理、研究，特别是长篇叙事吴歌的发现、挖掘以及"民间文学三套集成"歌谣卷的编纂出版，使大量的吴歌得到了抢救性的搜集和保存。进入 21 世纪，又编辑出版了《中国·白茆山歌集》《中国·芦墟山歌集》《吴歌遗产集粹》《中国·吴歌论坛》等几百万字的吴歌口述和研究资料。

吴歌传承具有以苏州为中心、用吴语进行演唱传承的本土特征。吴歌的产生和本土的稻作文化、舟楫文化有密不可分的关系，它是伴随着农民的生产劳动而发自内心的歌声。吴歌是伴随着生产活动和民俗活动而丰富、发展、传承的。

吴歌在长期流传过程中形成了丰富的内容和多样的题材，有口碑文献特征，其最突出的表现即是大量长篇叙事吴歌的发现和搜集，打破了汉族民间无长歌的论断。吴歌作为吴方言地区的民间歌唱艺术，是人类心智及语言才能发掘展示最丰富和生动的反映。吴歌对吴语地区其他戏曲艺术的孕育和发展产生过深刻的影响，具有文化活化石的特征。吴歌中有许多经典歌曲，特别是长篇叙事吴歌凝结了诸多的传统文化、民俗风情、人文历史、方言土语等文化元素，具有多样的研究价值。其对苏州地区社会、历史、语言风格的各个方面都有多彩多姿的映射，一直是苏州地区底层人民群众了解民族传统文化和生产劳动、日常生活的"百科全书"。2006 年，吴歌成为第一批国家级非物质文化遗产。

定期举办阳澄渔（吴）歌节，并争取使之成为苏州以至长三角地区吴歌传承展示的中心，对于"非遗"的保存和传承都功不可没。为了适应旅游的需要，可考虑将劳作中的对唱转化为演艺与娱乐，在一个劳动的表演场景中展开记忆中的私情、记忆中的智慧、记忆中的故事（历史）、记忆中的物产、记忆中的互动与参与。

（2）举办冯梦龙文化旅游节暨旅游工艺品大赛。冯梦龙的经历中以及著书中可挖掘很多有文化价值的旅游商品，与中国工艺品协会联合举办赛事，开展全国性征集，参赛的获奖者生产旅游商品，这样，有个性、有艺术、有文化特色的旅游纪念品一定能促进游客的二次消费。

（3）举办冯梦龙文化旅游节暨书画大赛。冯梦龙作品中可书可画的精彩词句、生动画面很多，通过与中国书协、中国美协联合举办书画大赛，开展全国性征集，进一步扩大冯梦龙的影响力，获奖作品集合成册，作为旅游纪念品销售。

（4）举办冯梦龙文化旅游节暨小品文大赛。与中国作协、江苏省作协联合举办冯梦龙杯小品文大赛，立足底层百姓，关注现实人生，挖掘民间价值，撰写当下社会转型、城乡一体等现代语境下老百姓的生活现状、真实情感与价值判断，为当下的历史进程留下一批冯梦龙式的通俗文学作品。

（5）举办冯梦龙文化旅游节暨摄影大赛。通过多年的修复、发掘、建设、发展，冯梦龙的家乡摄影亮点非常多，通过与中国摄影家协会联合举办摄影大赛，让全国的摄影爱好者走进冯梦龙的家乡，捕捉精美的画面呈现给全国人民。

（6）举办冯梦龙文化旅游节暨嗑黄埭西瓜子大赛。黄埭的西瓜子远近闻名，因其整齐均匀、香脆可口、清爽怡人而深受现代人喜欢。冯埂上也流传着冯梦龙举办嗑瓜子比赛的故事，可以模仿故事中的情节邀请各路"吃货"进行比赛，以嗑瓜子速度最快、方式最雅的人为胜者。另外，也可邀请苏州乃至全国的民间工艺大师开展"雕刻西瓜子"比赛，通过比赛，让黄埭西瓜子的传统技艺、品尝方式名扬四海，誉满全球，让一粒小瓜子成就一个大产业。

（7）举办冯梦龙文化旅游节暨鸟语大赛。冯梦龙的家乡生态环境非常好，是江苏省新农村建设示范村、特色村，四季有果，鸟语花香，但需要通过一定的活动传播出去，而传说冯梦龙在辞官回到家乡后，特别喜欢养老鹰，闲暇时候，还喜欢模仿老鹰的叫声。有一次，在庙会上，"画眉张"和杨瞎子两个人在学画眉叫比高下，他眼看杨瞎子不道义，欺人太甚，于是便出来学起了老鹰叫，那声从空中传来的叫声听得笼中画眉上蹿下跳，四处乱撞，赢得街坊一片叫好，杨瞎子也被气走了。因此，可以举办鸟语比赛，聆听动人鸟语、感受人间正义。

深入发掘，以此类推，一个个以冯梦龙文化为主题的活动一定会助推冯梦龙文化的大繁荣、旅游经济的大发展，相城区也会在文化与旅游的互动并进中更具发展的生机和魅力。

（作者系苏州市相城区委书记常委、宣传部部长）

参考文献

[1] 冯梦龙.冯梦龙全集[G].南京:江苏古籍出版社,1993.

[2] 杨晓东.冯梦龙研究资料汇编[M].北京:中国社会科学出版社,2007.

[3] 侯楷炜.冯梦龙传说故事集[M].苏州:古吴轩出版社,2012.

[4] 邹明华,等.新巷冯梦龙与民间价值建构[M].北京:学苑出版社,2013.

[5] 范立舟."三言二拍"中的市民意识与传统道德观念[J].湘潭大学社会科学学报,2003(2).

[6] 游珍海."三言"与冯梦龙的民俗观[J].贵州民族学院学报(哲学社会科学版),2011(1).

[7] 张小龙.冯梦龙思想研究[D].南宁:广西师范大学,2003.

福建省寿宁县打造冯梦龙文化品牌之启示

刘春民

习总书记近年来反复指出,文化是魂,文化是根,要弘扬中华民族优秀文化传统;同时他又强调,思想靠传承,文化靠积累,要坚持不懈,久久为功。福建省寿宁县打造冯梦龙文化品牌的曲折历程,使我们体会到习总书记的指示精辟深刻。

2014年是著名俗文学大师、"三言"编著者冯梦龙诞生440周年和入闽任寿宁知县380周年。他在寿宁任上亲笔撰写的长达5万字的《寿宁待志》,是我国史籍中难得的廉政文化活教材。寿宁县委、县政府2014年抓住特色和契机,开展寿宁冯梦龙文化"七个一"工程。在福建省宁德市委、市政府的关心指导和省内外"冯学"专家的全力帮助下,由中国俗文学学会、北京大学传统文化发展基金会、福建省通俗文艺研究会、宁德市宣传思想文化促进会和寿宁县传统文化研究会共同主办了"2014福建寿宁冯梦龙文化高峰论坛",根据习总书记关于弘扬传统优秀文化的指示和肯定冯梦龙任知县抓廉政的精神,首次从通俗文艺和廉政文化两个角度展开研究,北京、福建、江苏、浙江、吉林、天津等地专家学者和寿宁本地文化人提供了40多篇高质量、有特色的论文。北京大学传统文化发展基金会理事长、中国俗文学学会原副会长、北京大学中文系教授段宝林除宣读长篇论文外,还主持讨论并做大会学术总结。会后他受大会委托,反复修改,最终定稿完成《2014福建寿宁冯梦龙文化高峰论坛学术综述》。《人民日报》《光明日报》《香港文汇报》《福建日报》、福建省电视台及央视网、中新网、新华网、人民网、凤凰网等均做了详细报道,有近200家官方网站持续半个月转载以上信息。可以说,寿宁打造冯梦龙文化品牌取得了重大突破,

"七个一"工程取得了阶段性成果。大家感慨地说,取得突破不容易,30年努力不寻常!寿宁的实践证明,打造文化品牌,尤其是在偏远山区打造文化品牌,需要持续弘扬"弱鸟先飞""滴水穿石"的精神。

一、抓住契机"先飞",方显出"弱鸟"敢闯的品格

冯梦龙是苏州人,在历史上以编著通俗文艺(尤以"三言"为最高成就)而出名。但直至20世纪80年代初期(亦即我国改革开放初期),国内还很少有人知道冯梦龙在福建山区寿宁当过4年知县。当改革开放的大潮袭来时,各地(尤其是偏僻山区)急需通过各种文化活动以提高自己的知名度。抓住"文化搭台,经济唱戏"的契机,一些敢闯的"弱鸟"开始脱颖而出。1982年,寿宁县政府办副主任(原文化局副局长)陈煜奎偶然得知日本上野图书馆藏有冯梦龙任寿宁知县时写的《寿宁待志》(国内已经失传),便及时克服种种困难,获得该书的胶卷本。无独有偶,福建人民广播电台记者王凌到寿宁采访时,连夜阅读《寿宁待志》胶卷本,认为是当地文化的重大发现,于是首先在福建省电台、《福建日报》《中国建设》等媒体上广泛宣传,并鼓励寿宁县将《寿宁待志》正式出版。1983年,《寿宁待志》由陈煜奎点校后交福建人民出版社出版,并参加当年的莫斯科国际书展。同时,《文献》《福建论坛》等重要社科刊物开始发表王凌等评介《寿宁待志》的论文,引起全国重视。1984年,在黄寿祺、郭风、许怀中、陈侣白等老一代文化学者的大力支持下,福建省作协首次召开纪念冯梦龙诞生410周年和入闽任寿宁知县350周年座谈会,当时在省电台驻宁德地区记者站工作的王凌应邀在座谈会上做了题为"冯梦龙研究要有一个大的突破"的发言,针对以1982年版《辞海》"冯梦龙条目"为代表的贬低冯梦龙的不公正评介,从宏观的角度提出应当纠正以前学术界对冯梦龙有所贬低的片面性。该文1984年11月15日在《文学报》上刊登,引起强烈反响,并大大推进了重新研究冯梦龙的新热潮。1985年,由宁德地委宣传部牵头组织,由中国俗文学学会等9个单位共同主办,在宁德—寿宁召开全国首次冯梦龙学术研究会,全

国各地专家学者应邀参加，使宁德—寿宁成为改革开放后研究冯梦龙的发祥之地。时任福建省委书记项南为寿宁题写了"冯梦龙宦寿旧址"，时任福建省省长胡平为寿宁"冯梦龙纪念室"题写匾额。不久后习近平同志担任宁德地委书记并第一次到寿宁调研时，当天就要一睹《寿宁待志》并连夜阅读。

二、文化需要积累，搞文化需要"滴水穿石"的韧劲

打造文化品牌，绝不是一朝一夕之功。成就一番事业，需要闯劲和韧劲相结合。寿宁地处闽浙交界的山区，交通十分不便，当时从福州到寿宁，坐汽车要颠簸一整天才能到达，故形成旅游目的地十分困难，"招商引资"的成果也不明显。寿宁经济社会发展滞后，财政收入水平极低，要由当地筹资搞冯梦龙文化载体建设，难上加难。1985年热闹一场后，便转入漫长的沉寂期。但宁德和寿宁有关部门得到具有长远目光的领导的支持，怀着对事业的一份执着，本着"量力而行、尽力而为"的原则，在沉寂期坚持默默耕耘。

一是不断借助外力，提升冯梦龙研究水平。北京及福建省专家路工、薛汕、黄寿祺、许怀中等，先后应邀到寿宁考察。1987年、1991年在苏州召开第二次全国冯梦龙研究会和中国俗文学学会年会，都能听到来自宁德—寿宁的声音。黄寿祺题诗（"三言世上流传遍，万口交称眼识高。四载寿宁留政绩，先生岂独是文豪。"）经《追寻冯梦龙的遗踪》（此文系王凌作，首刊《福建文艺》1988年第12期）介绍后，给人们以新的启示。

二是努力把冯梦龙研究纳入文联日常工作。1989年，在时任宁德地委书记习近平同志的亲自关心和大力支持下，宁德召开第一次文学艺术界代表大会；宁德文联及寿宁文联和宁德作协、民文协先后正式成立，都把冯梦龙研究列为社团的一项日常工作。《宁德文联简报》（增刊），还一度成为全国冯梦龙研究委员会的联络简报。1992年，海峡文艺出版社出版了由时任宁德地委宣传部副部长兼地区文联主席王凌撰写的研究冯梦龙的专著《畸人·情种·七品官——冯梦龙探幽》，在全国颇有影响。

三是努力发挥本地人熟悉县情的优势，搜集、整理冯梦龙在寿宁的民间传说故事，在福建省及全国各地刊物发表（有的作品还得过奖），扩大影响。由本地学者陈元度和黄立云编撰，宣传部和方志办支持，先后出版了《寿宁待志·注释》和《寿宁待志·辑校》两部方志著作。排演本地独有的北路戏，也受到观众欢迎。

四是修建、保护"戴清亭""东坝"等冯梦龙故地。以冯梦龙《寿宁待志》中详细记载的三峰寺为中心，筹建冯梦龙公园。在南山顶修建高大的冯梦龙塑像，将其发展为一个旅游点。在各乡镇继续发掘冯梦龙留下的文物。与此同时，随着经济社会的发展，寿宁的交通条件也在逐步改善。所有这些都在不断点燃寿宁百姓及方方面面对冯梦龙的敬仰之火。一旦新的契机到来，便会发生"井喷"。

三、借助十八大东风，"弱鸟"开始冲向长空翱翔

十八大召开后，习近平总书记反复强调要弘扬包括廉政文化在内的中华民族优秀文化，要大力扶持贫困地区的经济社会发展。福建省省长苏树林到寿宁调研后提出要扶持山区发展旅游业。省委常委、组织部部长姜信治亲自在寿宁挂点并帮助解决诸多难题。高速公路也已动工，2015年即可通车。寿宁县迎来了一个难得的新机遇。

2012年年底，原中共宁德地委书记、原福建省老促会常务副会长吕居永带领王凌等四人到寿宁，在时任县委书记卓晓銮和县长黄国章陪同下详细考察，撰写了调研报告《把寿宁县建成闽浙边界文化生态旅游县》，提出要打梦龙文化牌，建设梦龙文化廉政园，并建议要"利用2014年为冯梦龙入闽宦寿380年的契机，召开'2014寿宁冯梦龙研究高峰论坛'，有选择地邀请海内外研究冯梦龙的专家学者参会，为以冯梦龙为招牌的'通俗文艺创作体验基地'和'廉政文化创作体验基地'建设造势"。调研报告上送后，立即得到苏树林、姜信治、张志南、王蒙徽、陈荣凯等福建省领导和宁德市委主要负责同志的批示，给寿宁以很大的鼓舞。

期间，寿宁县纪委、监察局、文化局、旅游局、教育局等部门，利用冯梦龙文化资源，编写出版《梅影清风》等书刊，组织游梦龙故地、讲梦龙故事、挖掘梦龙文物、梦龙文化进校园等活动，均深受群

众欢迎。寿宁县法院根据福建省法院关于开展"无讼"建设活动的指示,把冯梦龙"省其谳牍,使其无讼"的司法实践与当前法院工作密切结合,组织"梦龙文化沙龙"活动,制作"梦龙无讼文化走廊",推动法院干警深入基层,公正办案,化解矛盾,成为全省法院系统的一个"品牌"。

2014年年初,省委党刊《海峡通讯》分两期刊载王凌(已从福建省新闻出版广电局任上退休,为冯梦龙研究专家)撰写的长篇论文《末代廉吏冯梦龙——剖析明末冯梦龙所著奇书〈寿宁待志〉》。该文介绍了习近平在福建工作期间关于冯梦龙宦寿的重要论述(原已在报刊上公开发表),并从"为官之道""为令之苦"和"为人之本"这三个方面,还原了冯梦龙"清廉、公正、爱民"的形象,引起了广泛重视。新华网全文予以刊载,《求是》直属《红旗文稿》也选载了本文的主要篇章。

恰好此时,又下了"及时雨"。习近平总书记分别于2014年3月和5月在兰考县委常委扩大会议上的讲话和在参加兰考县委常委班子专题民主生活会时的讲话这两次讲话中,突出提到冯梦龙任寿宁知县时的政绩。文件下发全国后,引起寿宁县委、县政府的极大重视。寿宁县委宣传部决定在原有基础上进一步开展冯梦龙文化"七个一"活动(一是开展一次梦龙文化主题演讲报告,二是举办一个"冯梦龙清廉文化"展览,三是出版一册《寿宁冯梦龙民间传说》,四是筹备一个小规模、高规格的冯梦龙文化研讨会,五是编演一台以冯梦龙知县为题材的北路戏,六是联合拍摄一部关于冯梦龙的电影,七是筹拍一部电视卡通连续剧《冯梦龙》),把打造冯梦龙文化品牌的工作推向高潮。

7月中旬,寿宁县委邀请王凌到寿宁县委学习中心组做报告,王凌做了《从古代廉吏身上吸取借鉴,为中华民族复兴积聚能量》的专题报告,讲述学习宣传冯梦龙廉政文化的意义、重点和要点,县五套班子成员及各科局、各乡镇主要负责同志近200人参会。大家共同学习习总书记关于廉政文化的系列指示,进一步统一了思想认识。接着,寿宁县开始布置一个"冯梦龙纪念室",整理出版一本《寿宁冯梦龙民间传说》、编排一部以冯梦龙廉政为官为题材的北路戏。在此基础上,确定于2014年11月,举办"2014年福建寿宁冯梦龙文化高峰论坛",从通俗文艺和廉政文化两个角度研究冯梦龙。由于主题明确,准备充分,在力求节约的原则下,论坛取得巨大成功。

《人民日报》记者的报道是《冯梦龙文化论坛在闽举行,寿宁县已烙上"梦龙"印记》;新华社记者的报道是《廉政文化受推崇 鳌城无处不"梦龙"》;光明日报记者的报道是《四载寿宁留政绩 先生岂独是文豪——专家深入研讨冯梦龙的文学成就及其廉政启示》;香港《文汇报》的报道是《记冯梦龙遗存福建的"官道""文风"》;福建东南网记者的报道是《弘扬"滴水穿石"精神 打造寿宁"冯梦龙文化牌"》。可以说,"七个一"已有五项活动完美收官。

四、"弱鸟"要变成"名鸟",还需不断努力进取

"2014福建寿宁冯梦龙文化高峰论坛"只是一个新起点,文化品牌的打造永远在路上。寿宁县委、县政府决心打造几个高端载体,使梦龙文化品牌取得更好的社会效益和经济效益。

一是把以冯梦龙知县为题材的北路戏改造提升,打造成《七品芝麻官》似的精品,进京献演。

二是参与编写《冯梦龙》连续剧和拍摄《冯梦龙》电影,要求艺术性和思想性兼备,雅俗共赏。既不八股调,又绝不搞成"戏说"。

三是加快建设冯梦龙廉政文化公园,使旅游者能在较短的时间内,集中看到冯梦龙形象(现有的冯梦龙遗址比较分散)。

四是支持寿宁县法院深化对"无讼"概念的理解,提升"无讼"建设活动,为建设有中国特色的社会主义法制文化做出贡献。

在"2014福建寿宁冯梦龙文化高峰论坛"上,福建知名书法家叶家佺献写题词"梦龙腾飞"。他祝福冯梦龙研究事业腾飞,祝福中国龙腾飞,祝福中国梦实现,获得大家共鸣。我们一定通过百折不挠的努力,把这个美好的愿景变成光辉的现实!

(作者系福建省寿宁县委常委、宣传部部长)

谈吴歌的传承与发展

侯楷炜

吴歌,是我国传统文化宝库中一笔珍贵的文化遗产,是吴文化中的一颗璀璨明珠。吴歌作为一种文化现象,是伴随着先民的生产劳动、祭祀习俗和生活娱乐活动而发生发展的。它和古代的"楚声""蔡讴"和"越吟"等同属于"南国之风",与古典文学的精粹唐诗、宋词、元曲并列于我国的文学之林。苏州艺坛上的"三朵花"昆曲、评弹、苏剧,其渊源都离不开吴歌。在各民族、各地区的民歌海洋中,吴歌独树一帜,在吴语地区历史悠久。

吴歌包括"歌"和"谣"两个部分。"歌"即"山歌",也包括一些俗曲之类,"谣"接近于"顺口溜"。吴歌在内容上承载着吴地(指江、浙、沪一带的吴语地区)人民的生活史迹,反映下层人民的思想感情、喜怒哀乐和理想愿望,也可以说是江南农民和下层市民的生活史。它的歌词内容来自生活,反映生活,表现在劳动、生活、思想、爱情等方方面面,丰富多彩,具有提高社会认识、教育、娱乐、审美等功能,是观察吴语地区社会生活、风情民俗的重要手段。吴歌既包括情歌,又包括劳动歌、时政歌、仪式歌及童谣儿歌等。吴歌有其淳朴清丽的风格,委婉动听的曲调,含蓄延绵、温柔敦厚的语言和深厚的水文化特点。它犹如涓涓流水一般,清新亮丽、一波三折,柔韧而含情脉脉,与吴侬软语有相同的格调,有其独特的民间艺术魅力。

《辞源》中写道:"山歌,榜人(即舟子)所歌,吴(苏州一带)人多能之,即所谓水调也。"在农耕时代,山歌是一种自娱自乐的载体,劳动人民通过唱山歌用以抒发感情、表达爱情,用以消除疲劳、愉悦身心。它既丰富了乡间单调的生活,又给劳累田间的农民鼓劲打气。

它一边传唱着吴地的风俗物产,一边起着教化民众的作用。

明代,是吴歌发展的极盛时期。特别是到了中叶,随着城市经济的发展、市民队伍的壮大,民歌也在城镇流行起来,并很快进入了一个十分繁荣的阶段。在当时,中国的南北各地流传着各种小调和山歌,这些小调和山歌达到了"不问南北,不问男女,不问老幼良贱,人人习之,亦人人喜听之"的程度,就像当今的流行歌曲。明代文学家卓人月曾说:"我明诗让唐,词让宋,曲又让元,庶几吴歌,挂枝儿、罗江怨、打枣竿、银绞丝之类,为我明一绝耳。"唐诗、宋词、元曲,均为一代之文学,他将明代民歌与之相提并论,可见民歌在他心目中的地位之高。这些民歌有几种固定的曲牌,其曲调优美动听,而且好记易学,就是不识字的村姑野夫,也可以即兴编了词来唱,用来表达他们内心的忧喜。这种小调和山歌与当时文人们呕心沥血、字斟句酌写成的作品是大异其趣的。它以真实、通俗、生动、强大的艺术力量,冲击着封建正统文学,也影响了一部分文人,使他们开始爱上这类为正统士大夫们不屑一顾的创作,他们把这些小调和山歌记录下来,例如龚正我辑有《急催玉歌》,程万里辑有《苏州叠叠锦》,醉月子辑有《吴歌》,等等。其时的冯梦龙自然也注意及此,热爱的程度远过其他人。他给民歌以很高的评价,他说,世上"但有假诗文,无假山歌,则以山歌不与诗文争名,故不屑假。苟其不屑假,而吾藉以存真,不亦可乎"。他认为可以"借男女之真情,发名教之伪药",用男女的真情,去揭露封建礼教的虚伪性。他以极大的热情,深入民间,亲自耳聆笔录,整理了《挂枝儿》和《山歌》两本民歌集,使明代以前的 800 余首时尚小曲免于湮没。

冯梦龙搜集整理民歌时,态度十分认真严肃。他选择的标准是"情真",即要有真情实感。同时,也注重语言、韵律、声腔和风格特色。采集时基本上保持了民歌的原样,即使有个别改动,也大都用附注说明。对于有些拗僻的方言,他或用眉批标出字音、字义,或在末尾点明方言俗语的意思。因为民众没有曲律知识,他们唱歌只凭自己的感觉,所以唱词总有不解之处,冯梦龙只是做了一点纠偏补弊的工作。万历三十八年(1610)冯梦龙 36 岁时,《挂枝儿》刊印问世，即受到各方重视，此书一刻，举世传诵。"冯生挂枝儿，誉满天下。"不少人"靡然倾动，至有覆家破产者"。它那充满生活气息的泼辣、明快、热烈的语言和感情，震撼了一班卫道者，使他们不胜骇叹，于是发起对冯梦龙人身的攻讦，连他的父兄也"群起而讦之"。然而，冯梦龙并不气馁胆怯，没有退缩，接着又续编了《山歌》一书。冯梦龙编的《山歌》，实际上是一部以苏州为中心的吴语地区民间歌谣的总集。它多用吴语，是现存明代民歌中保存吴地山歌数量最多的，也是我国历史上比较系统的民歌专辑。

苏州地处吴语地区的中心，也是吴歌创作与传唱的中心，冯梦龙生活在苏州，搜集整理《山歌》，自然有其得天独厚的条件。他搜集的《挂枝儿》分"私部""欢部""想部""别部""隙部""怨部""感部""咏部""谑部""杂部"，共10卷，收民间歌曲430多首。他辑译的《山歌》全书10卷6类。私情四句、杂咏两句，私情旧体，私情长歌，杂咏长歌，桐城时兴歌，收民歌计380首，不过现流行的传经堂本只有345首，国学珍本文库只有259首。这些小曲，最短的七言四句，最长的《烧香娘娘》1460余言。从内容来看，有反映市民生活的，有描写劳动生产的，但绝大多数是情歌，即冯梦龙所说的"私情谱"，它们突出地表现了被压迫人民反对封建礼教的束缚，要求婚姻自主和自由结合的愿望。

为什么冯梦龙收集民歌的内容大都是爱情生活的呢？难道是因为收集者的偏爱而丢弃了其他的内容吗？答案是否定的，这正是由民歌的实际内容决定的。生生息息、繁衍后代，是人类社会的第一要义。当人类告别自己的童年，家庭成为社会的细胞后，便产生了只有人类才有的感情——情爱。即使是阶级压迫极端残酷、经济生活十分贫困、战争十分残酷的年代，人类的情爱生活也不会停止，这便是民歌内容大都反映爱情生活的根本原因。特别在封建礼教的统治下，女子没有机会结识异性，一直信奉的是"父母之命、媒妁之言"，嫁鸡随鸡，嫁狗随狗。一个女子跟自己的丈夫通常是没有爱情的，她们要求改变呆滞寡闻的生活常规，追求解放，向往以爱情为基础的美满婚姻。从冯梦龙收集的山歌中，我们触摸到的是吴地青年男女大胆追求幸福爱情的一颗颗鲜活的心。例如

《挂枝儿》中的"私部一卷",可以说就是男女相悦时的偷情之曲;"欢部二卷"表达的是永结同心的情感需求;"想部三卷"表达对情人的相思之情;"别部四卷"抒发情人间离别时依依不舍之情;"隙部五卷"是对负心人的谴责;"怨部六卷"主要偏重对情人的埋怨,用进一层的写法表达思念之情;"感部七卷"都是见景生情之作;"咏部八卷"重在咏物,情则蕴含其中;"谑部九卷"中所选曲子与前八卷的风格截然不同,在内容上表达的大多是鸨儿的贪财、妓女的矫揉造作、纨绔子弟的无赖习气、地老虎的横行霸道等,在风格上也一改缠绵之气,极尽讽刺挖苦之能事。《山歌》中对爱情的歌唱表现为粗犷热烈、纯真朴素、一往情深,表现了被压迫人民反对封建礼教的束缚,要求自由婚姻、个性解放的强烈要求,具有高度的艺术技巧和魅人的力量。

冯梦龙的《山歌》中还包含吴地饮食文化、妇女服饰及民间文化娱乐、节庆活动等丰富的内容,我们可以从中看到明代吴语地区的风俗民情,对研究民歌的发展以及明代社会生活均有参考价值。特别是书前编者所写的《叙山歌》及书中大量评注,更是研究冯梦龙民间文艺思想的重要资料,也是冯梦龙对中国民歌乃至中国俗文化的贡献所在。

我国有史以来,对吴歌的理论研究及文字记载都是十分有限的,这与历代上层社会对民间文化存有偏见有关。在封建社会里,山歌被贬为下里巴人之作,不登大雅之堂。直到"五四"前后,随着新文化运动的崛起,以鲁迅先生为代表的一批具有先进思想的新知识分子冲锋陷阵,民间文化才逐步受到正视。歌谣运动当时成为民主运动的一个组成部分,轰轰烈烈地开展起来。以北京大学创办的《歌谣》周刊为中心,打破了封建文化的桎梏,让平民百姓的歌谣登上文学舞台,成为学术研究的对象,从此中国开创了自己的民俗学。苏州是冯梦龙的家乡及吴歌的传唱中心,在当时这些学者中,苏州籍的就有好几位,如刘半农、顾颉刚、魏建功、钱南杨等。其中顾颉刚先生编印《吴歌甲集》及之后的"乙集""丙集""丁集""戊集""己集"、《吴歌小史》等,为冯梦龙之后的又一大壮举,在中国歌谣史上占有重要的地位。

苏州,是冯梦龙的故乡,是吴歌的发源地,也是吴歌创作与传唱的中心。新中国成立以来,苏州地区在吴歌的挖掘、传承与创新发展方面做了大量的工作:1952年,苏南地区开展了大规模的民间音乐采风活动,《解放日报》记者郑煌在吴江农村进行"抗美援朝爱国日"采访时,第一次从农妇口中把长篇吴歌《五姑娘》完整地记录下来,篇幅为2000余行,打破了"汉族无长歌"的结论;1956年常熟县村村建立山歌队,并自1958年起多次举办"万人山歌会",白茆山歌的优秀作者和歌手多次上北京、进中南海演唱;1963年,太仓双凤公社举办"水上新民歌对歌晚会",太仓、昆山、常熟三个县的民歌手竞相献艺,场面非常热烈;1979年,苏州市文联编了《吴歌新集》,之后常熟县的《民歌十二首》、吴江县的《吴江民歌》相继出版。

相城区的阳澄湖镇,以盛产大闸蟹闻名,但那里的"阳澄渔歌"也蜚声文坛,且有其独特的水乡风情。20世纪80年代,吴县文化馆、苏州市文联就组织专人进行采风,发现了一批歌手,对散落在民间的渔歌进行了挖掘、整理。多年来,地方政府和文化部门加大力度,培养新人,注重传承,与区文联联合编印了《阳澄渔歌》。

1981年,苏州市民间文艺家协会开始搜集记录长篇叙事山歌《五姑娘》,并于同年在苏州召开的首届江、浙、沪吴歌学术讨论会上推出;1983年,苏州郊区长青乡发现吴歌《赵圣关》,吴县镇湖乡发现长歌《孟姜女》等;同年第二次吴歌学术讨论会在吴县召开;1984年,苏州市文联和市民间文艺家协会编辑的《吴歌》出版;1987年,中国俗文学学会在苏州召开"冯梦龙学术讨论会";1989年吴歌学会编纂的《江南十大民间叙事诗》出版;1994年,苏州民俗博物馆开设"吴歌厅";1995年建成全国首家山歌馆——白茆山歌馆;2000年常熟市发现长篇叙事山歌《白六姐》;2002年至今,《中国·白茆山歌集》《吴歌精华》《吴歌遗产集萃》《中国·芦墟山歌集》《中国·吴歌论坛》《水乡情歌》《阳澄渔歌》《中国·同里宣卷集》等相继出版。此间,每个县、市都编印、出版了自己的吴歌集成,甚至有不少乡镇也都有自己的民歌集、山歌谱。

2006年,吴歌被列入首批国家非物质文化遗产代表作保护名录,我们苏州地区的各级基层政府,更加重视对民间文化的挖掘保护。如常熟市沙家浜镇,由文化站牵头,组成专业班子,深入石湾村,经过一年多时间的努力,找出民歌手40多名,从他们口中搜集到各类山歌400多首。除文字资料外,还记录下了曲谱,并出版了《石湾山歌集成》。他们又将这些山歌手请进了景区,增添了一道亮丽的风景线。近年来,这些山歌手们还分别带有徒弟,保证了山歌的传承和发展。

姑苏区白洋湾街道的居民,原来大都是农民,街道组织大学生村官进行社会调查,对民间流传的山歌、故事进行搜集,组织歌手们座谈、献唱。经过两年时间的挖掘、整理,搜集到各种山歌100余首,还组建了一支居民山歌队。

冯梦龙的故里——相城区黄埭镇,多年来致力于冯梦龙文化的挖掘,发起成立了苏州市冯梦龙研究会,组建了冯梦龙山歌艺术团。冯梦龙村已被中国社科院文学研究所、江苏省民间文艺家协会和复旦大学分别列为冯梦龙研究基地、采风基地和研究生社会实践基地,在冯梦龙文化(包括冯梦龙山歌)的挖掘、保护方面取得了一定的成果。

吴歌在漫长的历史发展过程中,也是不断地发展变化的。作为历史文化遗产,它有顽强的生命力和永久的艺术魅力。它的发展变化,反映了各个时期的时代特征。随着人们生活方式的改变,山歌同样发生了很大的变化。在演唱内容上,以健康向上为主,保留山歌风趣幽默、含蓄诙谐、富有乡土味的特点,唱大好形势,唱新人新事;在音乐旋律上,改低沉缓慢为高亢嘹亮;在演出形式上,改无伴奏独唱、对唱为伴舞、伴唱;在演出场合方面,改田头、场头表演为专题歌会或舞台演出,灯光、道具、服饰等一应俱新。

改革开放以来,吴歌在保护、传承方面取得了很大的成绩。但应该看到,民间依然留存着许多珍贵的吴歌遗存有待发掘,挖掘、保护还大有工作可做,深入挖掘、及时抢救、创新发展,正是我们的职责。

(作者系中国俗文学学会会员,苏州市冯梦龙研究会副会长兼秘书长)

旧闻传说

履湿自责

张瑞照

冯梦龙在福建寿宁任知县,不时与家乡长洲县知县汪徵和书信来往,笑谈官场轶事,切磋为民之道。师爷任德寿一旁见了,赞叹不已:"你俩真是明镜高悬的楷模,爱民如子的包拯。"

汪徵和乐不可支,一边嗑着瓜子,一边品着香茗,沾沾自喜。

一年春天,冯梦龙告假返乡省亲,途经长洲县衙,与家人冯磊跨步走了进去。冯梦龙、汪徵和两人一见面,海阔天空聊了起来。无意中,冯梦龙提及彼此熟悉的账房先生盛鑫,汪徵和道:"我正要告诉冯仁兄,喂,你觉得此人如何?"

盛鑫是冯梦龙当年在私塾教书时的学生,前年长洲县原账房任德寿提携为师爷,短少一名账房,是他荐举给汪徵和。现在当汪徵和问及学生,冯梦龙不假思索,直言相告:"此人为人正直,精明能干,不然为兄怎会鼎力荐举啊!俗话说金无足赤,人无完人。他也有一个致命的缺点……"

汪徵和瞪大眼睛注视着冯梦龙:"说来一听。"冯梦龙道:"他太重情谊,总是一味顾及他人颜面。"汪徵和舒心一笑:"这是他的亮点才是。"一旁师爷任德寿插言:"盛鑫老弟在染坊、茶楼、客栈先后做过账房,以后经冯大人荐举至县衙供职,工作从未出过半点差错,在同行之中,是名出类拔萃的人才。可是……"说到这里他把目光移向知县,闭了口。

冯梦龙见师爷任德寿说话吞吞吐吐,知县汪徵和沉吟不语,感到莫名其妙:"难不成他最近犯了事?"汪徵和"唉"了一声,点了点头:"前些日子,他因盗窃,已被卑职打入大牢。他是你冯仁兄荐举,所以看在你面上,为弟自然会网开一面。"

冯梦龙一时惊诧不已,呆若木鸡。

师爷任德寿一旁解释:"盛鑫老弟是一时犯晕,聪明人干了糊涂事。"轻描淡写。

冯梦龙遂对汪知县声明:"如果盛鑫犯案,绝不能看在谁的面子上重罪轻判,轻罪不了了之,应按皇家律法惩处。"汪徵和叫起屈来:"卑职是一番好心,仁兄怎么反而责怪为弟了呢?"为此,两人一时争得脸红耳赤。师爷任德寿一旁相劝:"不要为了一个无名小卒伤了两位大人的和气呵。"

冯梦龙从县衙出来,与家人冯磊径自往囚禁盛鑫的城西监狱而去。见了盛鑫,冯梦龙恨铁不成钢:"你是读书之人,知道'君子爱财,取之有道'之语。可你为财,竟然伸出贼手,现在身陷囹圄,罪有应得。"盛鑫见先生前来探监,十分激动,当遭到一顿训斥,叫苦不迭:"学生原以为先生会伸张正义,不想先生不问青红皂白,对学生横加指责。"冯梦龙不由一愣:"汪知县一直对你赞赏有加,怎会无辜栽罪于你?"

盛鑫此时"噗"地双膝跪地,心一酸,忍不住泪球儿扑簌簌直挂而下。冯梦龙半响没语,末了,伸出双手,扶起盛鑫:"你既然没有犯案,为何大堂之上不语,见到了我却呼起了冤?"盛鑫抹了把泪,一声长叹:"学生纵然浑身长嘴,也说不清、道不明啊。"接着一五一十地把自己如何栽上盗贼之名是长这短地说了出来。

冯梦龙不听则罢,一听觉得盛鑫所涉之案,如若确凿,乃重罪。

长洲官银失窃案得从四天前说起。一天,知县汪徵和与师爷任德寿去元和塘御窑检验京城所要方砖。因时间仓促,上面催得又紧,知县汪徵和与师爷任德寿吃住在那里,可谓废寝忘食。到了第四天,京城所需五百块方砖悉数清点上船,拔锚启程,知县汪徵和这才松了口气。可此时,衙内公差钱根急步匆匆赶来禀报:县衙银库库银失窃。此事非同小可,汪知县与任师爷立即启程返回县衙。

银库在县衙后院,知县汪徵和、师爷任德寿和捕快现场勘察,只见库门完好无损,没有被撬痕迹,虽然左旁窗户铁直愣有个被撬豁口,足可让人钻出钻进,但窗沿边依然有薄薄一层积尘,库内银箱犹在，只是箱内经清点，短少了三百两花银……

听到这里，冯梦龙刨根问底："是谁第一个看到县衙库银失窃，然后向汪知县去报案呢？"盛鑫道："公差钱根一早与另一个丁姓公差进衙内值勤，步至后院，见银库大门洞开，觉得奇怪，走进一看，库内银箱敞着，窗户被撬，于是惊叫起来。当我闻讯赶到现场，发现银两被窃，钱根又自告奋勇前去元和塘向汪知县报案。知县汪徽和与师爷任德寿和众捕快勘查现场之后认为，此案系内贼所为。银库钥匙两把，一把在账房我那里，一把由师爷任德寿掌管。师爷与知县在元和塘，没有作案时间，汪知县于是认定乃我监守自盗。"

冯梦龙问道："那你这几天在哪里？有何人为证？"盛鑫道："四天前我岳母在家下楼摔了一跤，送去郎中那里医治查出，不但脚踝骨摔碎，还犯有痨病、肠炎等多种疾症。库银失窃之后，汪知县把我找去，也要我如实交代这几天在哪里，我把家中发生的事与他和盘托出。汪知县见我无旁人为证，为此惊堂木一碰，要把我抓起治罪。幸亏师爷任德寿一旁美言，才没把我用刑。"

冯梦龙想到了什么，问盛鑫："师爷任德寿说了什么？"

盛鑫道："他出面为我求情：'汪大人，盛鑫乃你好友冯梦龙学生，他进县衙任账房之职，也是冯大人荐举。俗话说不看僧面看佛面，只要他招供认罪，并把所盗之银悉数退出，就当此事没有发生，以为如何？'汪知县蹙眉一思，认为师爷之话言之有理，所以问我：'你岳母如今身体如何？'我说：'病入膏肓，郎中已无回天之力。'任德寿插了一句：'盛先生，你医治岳母之病花了多少银两？'我不假思索脱口而出：'足有百两。'汪知县此时直瞪我盛鑫：'你不是常说家景贫困，捉襟见肘？'当我正要启口回答，看到大堂之上公差、堂下百余名前来看汪知县升堂问案的百姓，所以我到了口边的话又咽了下去。为此，汪知县嘿嘿一笑，对我说：'盛鑫，看在冯先生面子上，本大人也不责打于你，你去牢中好好反省，想通了再对我说。'言罢，对左右公差一挥手，两名公差一哄而上，铁链'锵铛'一声套至我的脖上……"

末了，盛鑫道："汪知县把我打入大牢，其意十分明确，铁定我是盗窃库银的蟊贼。据说,他正要写信告诉你我犯了大罪,不想你省亲回家了。"

冯梦龙听到这里,不由责怪起盛鑫来:"你如果心中没鬼,只管说出你岳母治病时百两银子从何而来。"

盛鑫把头摇得宛若货郎鼓:"我是读书之人,岂可在大堂之上以下犯上。"冯梦龙直言警告:"你如若不说,你将有牢狱之灾。"盛鑫点了点头:"学生当然知道,日后我不但要'退出'三百两赃款,而且还要坐牢。然而最让我终生遗憾的是纵然我刑释回家,身上始终有个盗贼臭名,终生难以洗刷。"冯梦龙一脸严肃:"你既然要我出面相助,为你洗冤,那你得给我说出实话。"盛鑫左右权衡了一下,见左右无人,遂从内衣口袋取出一本簿子,说:"我老婆开了家瓜子店铺,没挣到钱,反欠了一屁股债,穷得一贫如洗,此话不假。"

冯梦龙接过簿子一看,只见上面写着《盛记店瓜子赊账记录》,一头雾水。当盛鑫指着簿子是长这短一讲,冯梦龙恍然大悟。他背着双手徘徊了一下,末了,一个驻步,面对盛鑫:"我倒有一个还你清白的主意。"言罢,如此这般说了一遍。

盛鑫双手一拱,连连点头:"仰仗先生为学生申冤,没齿不忘。"冯梦龙不以为然:"路见不平,岂有袖手旁观之理?"

冯梦龙从城西探监出来,即对尾随其后的家人冯磊如此这般叮嘱了几句,然后说:"你不但要看师爷任德寿最近与哪些人频繁往来,还要详细打听盛鑫前几天家中究竟发生了什么事。"冯磊走了之后,冯梦龙遂从口袋掏出一枚钥匙,至城的四周找锁匠配制,一连三天,乐此不疲,让人看了,莫名其妙。

第四天,冯磊把打听到的事向冯梦龙做了禀报。冯梦龙听了之后,复而去城西监狱,对盛鑫如此这般关照了几句。

当冯梦龙一走,一向在牢中闷声不响的盛鑫鸣冤叫屈来。牢中公差见怪不怪,不予理睬。一连几天,盛鑫一会儿大呼小叫,一会儿涕泪俱下,公差生怕发生意外,遂去县衙向汪知县禀报。

汪徵和把盛鑫押至大堂、厉声斥道:"你身为账房,监守自盗,铁证如山,还有何话可说?"盛鑫道:"大人啊,盗窃库银的蟊贼不是我盛鑫,而是另有其人。"

汪徵和道："那你说是谁？"盛鑫道："这我并不知道。"汪知县恼羞成怒："看来你是不吃敬酒要吃罚酒了，来人……"

几个公差如狼似虎，扑了过来。

盛鑫声嘶力竭叫道："前些日子，冯先生前来探监，对学生说，他倒知道谁是把手伸向银库的蟊贼。"汪知县心想，冯梦龙才返回故里几天，怎会查出窃取库银的案犯，断然不信，但见盛鑫语气斩钉截铁，半信半疑，即派人把在乡里冯埂上的冯梦龙请去了县衙。

冯梦龙一到，汪徵和开门见山问他："盛鑫说你知道盗窃库银的歹徒，是真是假？"

冯梦龙坦然言道："长洲县库银失窃一案，鄙人是局外之人，本不该涉足。当听到汪老弟说是我学生盛鑫作案，还要对他法外开恩，于是我决定一探究竟。"汪知县道："你怎么对自己学生如此自信？"

冯梦龙于是讲起了盛鑫少年时期的一件往事。

一天，在私塾读书的盛鑫放学回家，半路上看到一旁杂草丛中有只钱袋，四下一看无人，捡起打开一看，内有银票一叠和书信一封，银票足足五百两，书信上写有陆墓镇上窑主名字。冯埂上距陆墓有十里之遥。此时临近傍晚，风云突变，乌云密布，下起了倾盆大雨。盛鑫才十一岁，二话没说，长途跋涉赶去陆墓镇，把钱袋还给了失主，转身原路返回，到家中，已是翌日凌晨鸡鸣之时……

末了，冯梦龙道："像这样的人怎么可能心起歹意去盗窃官银？"汪知县不以为然："冯仁兄，人心是会变的。"冯梦龙道："窥一斑便知全豹。为了郑重起见，我去了牢中探望盛鑫，终于发现了端倪。"

汪徵和道："冯仁兄，你怎么知道盗窃库银蟊贼另有其人呢？"冯梦龙道："从你汪老弟嘴里得知盗窃库银是内贼所为，根据你们现场勘察分析，为兄也这么认为。因为银库上钥匙只有两把，除了盛鑫，还有一把由师爷任德寿掌管。"汪知县点了点头："所以，作案人除了盛鑫，就是任德寿，而师爷任德寿在库银被窃那天，与我在一起，所以盛鑫是盗窃库银蟊贼无疑。"

冯梦龙轻轻摇了摇手："除了你说的那样，还有一种可能，就是里应外合,为此,我吩咐家人冯磊了解前些日子盛鑫、任德寿与哪些人接触,并且我以自家配钥匙为名,去城中各家锁匠那里打听,盛鑫、任德寿接触的人之中可有去配制过钥匙的。经过了解,一个人引起了我们的怀疑……"

汪知县双目紧盯冯梦龙:"谁?"冯梦龙道:"长洲县公差钱根。据说此人乃师爷任德寿表弟。"汪徵和点了点头:"也是他第二天一早先发现库银失窃,赶来元和塘御窑向本人禀报。"

冯梦龙道:"钱根去平门桥配制过一把钥匙。为此我派冯磊去打探他家可有门锁和箱锁坏了,可打听下来,他家压根儿没有。此时,我对此人疑窦顿生。后来我仔细观察了钱根,听街坊说,此人因家庭经济拮据,平素花钱十分谨慎,可现在一反常态,出手大方,不时去姑苏酒店喝酒,春红院潇洒……"

汪徵和茅塞顿开,觉得冯梦龙言之有理,即令捕快把钱根带至大堂问话。

钱根到了大堂振振有词:"小的在衙里当差,公私分明,别说库银,就是地上一把泥土也没往家抓过。"口气硬得像铁。

汪徵和一时没了主意。

冯梦龙遂上前对他耳语了几句,汪徵和遂对钱根道:"看来要本大人提醒于你,你才肯说出实话?"不想钱根死鸭撑硬颈,干号起来:"大人,小的一向规规矩矩,从未做过出格的勾当,兴许有人为偏护学生陷害小人……大人,你可要主持公道啊!"把矛头直指冯梦龙。

汪徵和言道:"你别耍嘴皮子了,你又不是主犯,只要你坦白交代,本大人自然会对你从宽处置,要是你死不说出实话,我只能吩咐平门桥锁店、姑苏酒家、春红院的掌柜前来与你对质了,难不成他们哄骗本大人?"

钱根一时被说得云里雾里,此时汪徵和因势利导:"你知道本大人叫这三人来这里干啥吗?"钱根摇了摇头,没有吱声。汪知县道:"本大人想当着这三人的面问你,钱根家里锁儿没坏,去配制钥匙干吗?你在哪里发了财,隔三岔五去姑苏酒店喝酒、去春红院玩姑娘?"

钱根听到这里,"扑通"一声双膝跪地,终于交代:受师爷任德寿指使,去平门桥锁店配了银库钥匙,待师爷任德寿陪同汪知县外出之际,动手作案,窃得三百两银子后,从中得了八十两酬劳。

钱根认罪画押后,汪知县即把师爷任德寿"请"至大堂,言正词严:"想不到你的戏演得天衣无缝,把我也给蒙了。"任德寿自知败露,跪地哀求:"大人,俗语道常在河边走,岂能不湿鞋?看在卑职多年来鞍前马后伺候大人,这次盗窃库银,乃是一时糊涂……望大人放小人一马。"汪知县连连摆手:"你原是账房,后来做了师爷兼做县衙银库保管,多年来克勤克俭不假,可这是你的职责,现在盗窃库银,此乃重罪,焉可饶恕?常在河边走,不湿鞋者大有人在,你眼前不是有个盛鑫?"

任德寿听了汪知县的话,垂下了头,再没言词。

盛鑫出狱之后,汪徵和连连向他拱手致歉,末了,当着冯梦龙的面问他:"先人云,百事孝为先,你岳母得了病,送她去郎中那里治病,一掷百银,令人称颂,可你家贫如洗,你的银子从哪里而来?当初本大人问你,你闭口不说,现在此案真相大白,你总可以开诚布公了吧?"盛鑫望了下冯梦龙,依然默不作声,这把汪知县弄懵了。

冯梦龙此时站了出来,笑呵呵道:"盛鑫所以不说,这是因为顾及你汪大人的面子。"汪徵和道:"本官有什么见不得人的丑事,你只管竖不是鼻子横不是眼的挑剔。"冯梦龙望了下学生,这才说出了盛鑫给岳母治病百两银子的来历。

汪知县不听则罢,一听,愧疚不已。

原来汪徵和有个嗜好,喜嗑瓜子,而盛鑫家老婆开的盛记瓜子店正好在县衙不远的弄堂口。汪知县每次途经,就要去称上几斤,因他身上从不携带银两,所以一直赊欠。事隔三年了,汪徵和分文没有归还。盛鑫岳母摔跤后去郎中那里治疗,又查出犯有多种疾病,一时没有银两,为此急得如同热锅上的蚂蚁。正在危难之际,汪徵和夫人知道老公赊欠盛记瓜子店三年的瓜子钱,不算不知道,一算竟有百两之多。汪徵和夫人倒是个明理之人,随即掏出银子给了盛鑫。盛鑫生怕汪知县自责,所以再三关照汪夫人:"此事已了,不用与汪大人挑明,让他为难了。"汪夫人顾及丈夫颜面,连连点头。

汪徽和惊诧不已:"三年下来,嗑瓜子竟花了这么多银两。"冯梦龙道:"这一笔笔账,不但盛鑫家人记得清清楚楚,上面还有你的签字为证哩。"汪徽和连连点头:"真是应了积土成山、滴水成渊的那句老话……要是我夫人不及时发现,我汪徽和会不知不觉中犯下大错。"

冯梦龙道:"履职宛若河畔行步,失职履湿务须自责。"

汪徽和连声言道:"说得好,说得好,冯仁兄此语乃至理名言。"汪徽和即令当差笔墨伺候,冯梦龙操笔一挥而就。汪知县把冯梦龙的题词装裱后悬挂在家中厅堂,以为对照自律,此乃后话。

(作者系苏州市吴中作协名誉顾问,民间文艺家)

学术动态

2014福建寿宁冯梦龙文化高峰论坛学术综述

齐寿冯

"伟大的作家是属于人民的,是属于全世界的!冯梦龙就是这样一位伟大的作家!"——这是"2014福建寿宁冯梦龙文化高峰论坛"向全国发出的新信息!

一、论坛简况

2014年是冯梦龙诞生440周年和入闽任寿宁知县380周年。11月17日至18日,"2014福建寿宁冯梦龙文化高峰论坛"在冯梦龙任过4年知县的福建省寿宁县举办。来自北京、福建、江苏、天津、吉林、浙江等地的专家学者,提供了40多篇论文,进行了认真交流,还参观了冯梦龙宦寿故地和冯梦龙纪念馆、冯梦龙无讼文化走廊。冯梦龙的诞生地苏州市相城区与福建省寿宁县在会上结成"友好区县",商定今后密切合作,共同打造"冯梦龙文化品牌"。

中国俗文学学会、北京大学传统文化发展基金会、福建省通俗文艺研究会、宁德市宣传思想文化促进会和寿宁县传统文化研究会,共同主办了这次高峰论坛。

北京大学中文系教授、《中国文学史》主编袁行霈,中国俗文学学会常务副会长、北京大学中文系教授、《北京大学学报》主编程郁缀,福建省政协副主席、省文联主席、省社科院院长、文艺评论家张帆,以及《光明日报》编辑部,福建省委党刊《海峡通讯》编辑部,海峡文艺出版社,苏州市冯梦龙研究会等发来贺词贺电。

中国俗文学学会顾问、北京大学传统文化发展基金会理事长段宝林做了会议学术小结。段宝林、傅承洲、齐裕焜、陈侣白、王凌、马汉民、陈小培等专家学者提供了学术论文并在会上发表了系统的意见。

福建宁德市寿宁县是习近平总书记工作过的地方。习近平总书记曾经几次提到要弘扬冯梦龙在寿宁的廉政德行。本次论坛根据习近平总书记关于反腐倡廉、建立社会主义核心价值观、建设中国特色社会主义文化，都要与继承弘扬我国历史上的优秀文化传统（包括廉政文化传统）相结合的系列指示，从通俗文艺和廉政文化两个角度研究冯梦龙，从学术史角度回顾总结了改革开放以来全国冯梦龙研究取得新突破的历史进程，对生活在明末、编著了"三言"等大量通俗文艺作品、塑造了大批中下层市民的正面形象、在海内外有广泛影响的冯梦龙给予了新的高度评价，认为他是中国文学史上具有划时代意义的大作家，是中国文学现代化的开山大师，这是宏观研究和微观研究相结合得出的科学结论，对今后深入研究提出了明确的方向和具体的内容。

二、论坛主要观点

与会者一致认为，本次冯梦龙文化高峰论坛是"冯学"研究史上又一次取得重大突破的学术会议。

其一，对改革开放以来冯梦龙研究取得突破的进程，做了全面系统的回顾和总结。

与会者认为，在改革开放后开始的冯梦龙研究第二次大突破中，福建的专家学者发挥了开拓性的重要作用。王凌在1983年就发表了研究冯梦龙《寿宁待志》的论文，1984年在《文学报》发表论文《冯梦龙研究要有一个大突破》并引起广泛关注，其后继续发表系列论文并在1992年结集为《畸人·情种·七品官——冯梦龙探幽》出版，这是当年全国出版较早、影响较大的一部专著。1985年在宁德—寿宁举办的首次全国冯梦龙学术研讨会和1987年在苏州举办的第二次全国冯梦龙学术研讨会，是冯学研究取得突破的重要标志。中国俗文学学会在组织和推动方面，发挥了不可替代的巨大作用。1991年中国俗文学学会会长办公会议决定，在学会直接领导下设立"冯梦龙研究委员会"，是很及时的，使"冯学"

研究有了学术组织上的依托。1992年中国俗文学学会学术会议在北京举办,论文《冯学研究七十年》(王凌撰写,以笔名"袁志"发表)被选在大会宣读并收入大会论文集,由北京大学出版社正式出版,标志着冯梦龙研究成果取得学术界的广泛认同。从此,以1982年版《辞海文学分册》"冯梦龙条目"为代表的贬低冯梦龙的倾向销声匿迹。袁行霈先生主编的《中国文学史》(高校文科教材,高等教育出版社2005年第二版)吸收冯梦龙研究成果,明确提出:"冯梦龙是晚明主情、尚真、适俗文学思潮的代表人物,通俗文学的一代大家。"齐裕焜在《中国古代小说研究》(福建人民出版社2005年出版)等专著中,具体介绍了20世纪冯梦龙研究的成就。进入新世纪,2012年苏州举办"新巷冯梦龙与民间价值建构"高峰论坛,2013年傅承洲《冯梦龙文学研究》出版,都有新的建树。

其二,进一步肯定冯梦龙在中国文学史和世界文学史上的重要地位,肯定冯梦龙的多方面贡献。

与会者认为,冯梦龙是推动中国古代文学走向现代化的开山大师,其文学成就堪与屈原、李白、杜甫、苏东坡、关汉卿、王实甫、施耐庵、罗贯中、曹雪芹、蒲松龄等相比美,无愧为中国古代第一流的大作家。他塑造的许多经典的典型形象,至今仍然在舞台上、在读者心目中非常活跃,具有很强的艺术生命力。冯梦龙使白话小说的文体趋于成熟,他关于文学民主化、大众化、通俗化的观点和实践,在中国文学史上具有划时代的意义,就是在世界历史上也都是少有的。段宝林通过大量事实详细论证了冯梦龙创作的高度艺术价值和现实意义,认为:冯梦龙与莎士比亚等世界著名作家相比亦毫不逊色;冯梦龙的作品是我国文学最早被西方翻译、介绍到外国的,得到了歌德、席勒等著名作家的喜爱,他是中国文学史上最早走向世界的大作家。

冯梦龙的贡献是多方面的。本次高峰论坛首次从通俗文艺和廉政文化两个角度研究冯梦龙,取得了新突破。冯梦龙写于寿宁知县四年任上的《寿宁待志》,是中国古代方志的奇书,它以朴素的纪实手法,写出了他在寿宁的作为,展现了他作为一代廉吏"爱民、公正、清廉"的形象,体现了中国古代优秀知识分子和正直改革家的操守,思想境界之高,令人赞叹,堪称中国优秀廉政文化的活教材。"金杯银杯,不如古今中外群众的口碑;金奖银奖,不如古今中外百姓的夸奖。"这正表明,当前研究冯梦龙有着重要的现实意义。

其三,从宏观和微观相结合的角度,提出今后研究冯梦龙的方向。

近百年来,冯学研究出现过两次历史性的突破。第一次是在"五四"新文学运动之后,湮没了几百年的冯梦龙及其作品,重新回到人们的生活中。第二次是在改革开放以来,人们重新审视古典文学研究领域,充分肯定了冯梦龙在中国文学史上的独特地位。程郁缀先生说过:"对冯梦龙在通俗文学方面的成就,怎么评价都不过分。"事实证明,实现研究突破,既要依靠新材料的发现和提供,更要依靠时代条件的具备和理论的支撑。冯梦龙的作品几十年来不断被发现,对他的评价也就不断提高。他所塑造的许多典型人物至今仍然在许许多多的文艺作品中反复出现,说明他的作品具有永恒的艺术价值。

当前,党中央十分明确地提出要继承弘扬我国历史上的优秀文化传统,为建设中国特色社会主义文化服务。这是难得的历史机遇,也是冯学研究者应有的历史担当。我们要努力提高研究的科学性,进一步寻求突破。

其一,要下大功夫研究冯梦龙的全部作品,并且用最先进、最科学的文学观念和研究方法去分析。冯梦龙作品是从20世纪三四十年代以来才被逐渐发现的,当年鲁迅还只看到"三言"中的《醒世恒言》一"言"。如果人们仅根据有限作品进行微观研究,那在宏观的总体评价上就往往不准确。至今,对冯梦龙的许多笔记作品,如《笑府》《古今谈概》《情史》《智囊补》等还缺少深入研究;对他的经学著作、戏曲作品也缺乏系统研究。这些都亟待今后加强。

其二,要把冯梦龙的作品放在特定的时代条件下进行全面的分析。冯梦龙所处之中晚明时期,是我国封建社会开始解体、资本主义萌芽发展、城市平民站上历史舞台的重大转折时期,新思想、新观念伴随着新人、新生活而不断涌现。但由于转折刚刚开始,新旧犬牙交错的复杂现象尤为突出。冯梦龙正像一切杰出的文学家一样,他的作品是时代的一面镜子,深刻反映了这一时期市民生活和思想的全部丰富性和复杂性。由于这个时期资本主义萌芽的时代条件在中国历史上极为重要,因此反映这一特定时代的冯梦龙的作品具有划时代的意义。只有正确认识这个特定时代,才能正确认识冯梦龙作品的价值,从而实事求是地肯定它在文学史上的重要地位。

本次高峰论坛的举办,引起学术界和媒体的高度关注。《人民日报》《光明日报》、新华社、中新社、《福建日报》、福建电视台等从不同角度做了详细报道,人民网、新华网、中新网、光明网、中国网、央视网、中国社会科学网、中国思想政治工作网、中国作家网、中国网络文学联盟、北京文艺网、中国发展门户、新华报业网、中国青年网、中国台湾网、闽台在线、凤凰资讯、凤凰财经、中国法院网、福建省纪委监察厅、福建法院网、新民网、天津网、贵阳网、东方网、江苏网、搜狐滚动、山东华网、河北长城网、陕西频道、福建之窗、东南网、福建新闻联播、福建卫视新闻、闽都网、大闽网、宁德网等100多个网络传媒予以转载。

编 后 记

  由苏州大学文学院、苏州市相城区哲学社会科学界联合会、苏州市相城区黄埭镇人民政府联合推出的《冯梦龙研究》，经前后不到五个月的积极筹备，今天终于正式面世了！

  作为国内唯一、以伟大通俗文学作家冯梦龙命名的研究阵地，在创始之初就得到苏州市相城区委常委、宣传部长屈玲妮女士的精心指导，特别指明要"办出学术品位"；教育部长江学者特聘教授、江苏省作协副主席王尧先生不仅欣然担任顾问，还为它确立了"深研冯梦龙文化，阐扬冯梦龙经典，探究学术真知，重视人文关怀"的宗旨，并提出了许多具体的指导性意见。黄埭镇人民政府在发展壮大地方经济的同时，毅然承诺将长期资助出版以乡贤"冯梦龙"命名的研究专集，显示了积极弘扬优秀传统文化的使命感。在此，本书编委会一并向所有关心和支持本专集的地方领导、专家学者们表示诚挚的感谢！

  第 1 辑发表的十五篇文章，有长期从事冯梦龙研究的名家新作，有冯梦龙经典解读的专业论文，也有倾力于冯梦龙文化传承发展的探讨性文论。这与本专集在强调学术品位的同时，兼收并蓄、理论和实践相结合的宗旨相得益彰。因本专集为第 1 辑，留给作者的写作时间仅有三个多月，确实难为了他们，但多位专家学者还是以"冯梦龙"品牌为响应，提供了高质量的学术论文。我们期待《冯梦龙研究》能有更多的佳作问世，使本专集真正成为国内冯梦龙研究的重要学术高地。让我们共同见证它的成长！

编 者
2015 年 8 月 1 日

冯梦龙纪念馆效果图

冯梦龙作品人物书画 1

冯梦龙作品人物书画 2